ÉCHOS

DE

PARAY-LE-MONIAL

AUX AMIS DU CŒUR DE JÉSUS

ÉCHOS
DE
PARAY-LE-MONIAL

PAR

Le P. Joseph ZELLE S. J.

ÉDITION ILLUSTRÉE

(Décembre 1893. — Juin 1895)

DELHOMME ET BRIGUET, ÉDITEURS
PARIS | LYON
83, RUE DE RENNES | 3, AVENUE DE L'ARCHEVÊCHÉ, 3

1896

APPROBATIONS

Cum opus, cui titulus est *Échos de Paray-le-Monial*, a Patre Josepho Zelle, nostræ Societatis Sacerdote compositum, aliqui ejusdem Societatis revisores, quibus id commissum fuit recognoverint et in lucem edi posse probaverint; facultatem concedimus, ut typis mandetur, si ita iis, ad quos pertinet, videbitur.

In quorum fidem has litteras manu nostra subscriptas et sigillo nostræ Societatis munitas dedimus.

Lugduni, die 17 Novembris 1895.

IHS
(*Loco Sigilli*)

Ed. Fine s. j.
Provinc. Lugdunensis.

ARCHEVÊCHÉ DE TOULOUSE

Toulouse, le 15 Novembre 1895.

« *J'accorde bien volontiers l'*Imprimatur *pour la publication en volume des articles du* R. P. Zelle ».

P. Andrieu
Vicaire Capitulaire.

Le Sacré Cœur d'après le Fr. Coronas S. J.

DIRECTION GÉNÉRALE
DE
l'Apostolat de la Prière

Toulouse, rue des Fleurs, 16
le 5 juin 1895.

Mon Révérend et bien cher Père

P. C.

J'apprends avec une vive satisfaction que, cédant à de pressantes instances, vous avez résolu de publier à part ces Échos de Paray-le-Monial, qui n'auront pas été, depuis deux ans, le moindre attrait de notre Messager du Sacré Cœur de Jésus.

Vous appeliez vos articles, en nous les offrant, de simples fleurs recueillies dans un petit coin de terre privilégiée. C'étaient des fleurs, en effet, fleurs charmantes épanouies au souffle de l'amour, sous les rayons du soleil eucharistique, sur le sol béni qu'a foulé le Vénérable Père de la Colombière, dans l'atmosphère même que respirait la Bienheureuse Marguerite-Marie.

Maintenant que nous en avons ici savouré le parfum, laissez-moi vous féliciter, vous remercier surtout de les avoir réunies en bouquet, pour la consolation d'un plus grand nombre d'âmes, toutes attirées là-bas par cette « influence secrète », dont vous parlez si bien.

Si, comme l'écrivait S. François-de-Sales à l'archevêque de Bourges, « il suffit d'aimer pour bien dire », que vous devez aimer Paray, la ville du Sacré Cœur, pour en discourir comme vous faites! Ma joie est de penser que vous nous aurez appris à l'aimer davantage nous-mêmes, en nous apprenant à mieux connaître, et les trésors qu'elle renferme, et les grâces dont elle est le foyer.

Je me recommande à la charité de vos bonnes prières et suis, plus que jamais, en union de vos saints sacrifices, votre fraternellement dévoué dans le Sacré Cœur de Jésus.

E. Régnault S. J.

PRÉFACE

Paray-le-Monial est la ville privilégiée du Cœur de Jésus. Il y a deux siècles qu'elle a été le théâtre de la manifestation divine la plus importante de nos temps modernes.

Ici de nouvelles espérances ont été données au monde. Elles ne faisaient sans doute que confirmer les anciennes. Mais le même Jésus, qui a opéré jadis à Jérusalem la Rédemption de tous les hommes, s'est montré à Paray, pour ranimer, « en ces derniers siècles », la charité devenue languissante chez un grand nombre. Il a fait connaître davantage l'amour infini de son Cœur Sacré, et il a jeté à nouveau la flamme de ses ineffables ardeurs dans nos âmes froides et insensibles.

Qui pourrait nier la portée immense de ces révélations, quand l'illustre Pontife Léon XIII a dit de la dévotion du Cœur de Jésus, « qu'on peut l'appeler aujourd'hui un
« caractère distinctif de l'Église, l'arche de son salut, le
« fondement de toutes nos espérances dans un avenir

« meilleur. En effet, ajoute-t-il, d'après ce que Jésus
« lui-même daigna révéler à sa servante Marguerite Ala-
« coque, le culte du Sacré Cœur a été prédestiné par
« Dieu même pour guérir la grande plaie de la société
« moderne, l'*égoïsme*. » (*Allocution* aux délégués de l'A-
postolat de la Prière — 11 octob. 1893.)

Cependant la petite cité, d'où ce mouvement tire son
origine, reste un centre unique, une sorte de pieuse capitale, vers laquelle les vrais fidèles, qui représentent l'âme
vivante de l'Église catholique, sont attirés par un instinct
secret. Ceux qui ne peuvent visiter nos sanctuaires,
désirent au moins connaître ce qui s'y passe. C'est pour
eux une manière de jouir de l'atmosphère incomparable
de dévotion qu'on respire en ces lieux bénis.

Sans doute que les voix qui ont parlé à la bienheureuse
Marguerite-Marie se sont tues. Mais les « échos » en
retentissent encore après plus de deux cents ans. D'abord
faibles et obscurs, ils sont allés peu à peu se répercutant
jusqu'aux extrémités du monde. A l'heure présente, il
n'y a plus un seul continent, ni une île lointaine, qui
puisse ignorer Paray-le-Monial et les mystères que le
Cœur de Jésus y a accomplis.

L'action divine de régénération religieuse et sociale,
qui a eu ici son point de départ, rayonne dorénavant sur
l'Univers tout entier. Quelque violente qu'elle soit, la crise
présente doit y trouver sa solution. C'est encore le grand
Pape Léon XIII qui nous donne cet espoir. Mais, en

voyant les reflets, on ne peut s'empêcher de regarder vers le foyer ; en buvant aux eaux du fleuve, on veut remonter jusqu'à la source.

Cette ville du Sacré Cœur a son histoire providentielle. Il ne faut que la fouiller pour en faire sortir de précieux trésors; j'entends des monuments admirables, qui nous montrent à découvert le plan de Dieu. Dès les temps les plus reculés, le passé préparait l'avenir. Le culte de la Vierge réparatrice servait de prélude à la dévotion de l'Amour rédempteur ; les moines de Cluny, si dévoués au Saint-Sacrement, n'étaient à Paray que des précurseurs. La moderne cité sainte a été bâtie, assise par assise, pierre par pierre, et c'est le Très-Haut qui l'a vraiment édifiée de toute pièce. « *Ipse fundavit eam Altissimus.* » (Ps. LXXXVIII, 5.)

Quand les temps furent accomplis, le Cœur de Jésus employa à ses desseins des apôtres privilégiés. C'était une humble vierge du cloître, fille de Saint François de Sales, et un modeste religieux de la Compagnie de Jésus. Ils furent les deux « Séraphins » de la nouvelle arche d'alliance. Restés dans l'obscurité pendant longtemps, ils sont devenus tout à coup illustres. La bienheureuse Marguerite-Marie triomphe déjà, dans sa châsse d'or, près de l'autel des apparitions ; tandis que nous espérons prochainement, pour le vénérable Père de la Colombière, les mêmes honneurs de la béatification.

Comme il est juste, l'œuvre commencée à Paray doit

s'y continuer. « Il faut que le Cœur de Jésus règne malgré Satan et ses ennemis. » Voilà le but à atteindre partout ; voilà l'idéal que nous voulons conserver ici dans toute sa pureté Il semble qu'il y ait une grâce spéciale de lumière pour recueillir les révélations divines, dans le milieu même où elles ont été données. Aussi bien l'idée du règne de Jésus-Hostie, qui devait rencontrer certaines hésitations dans le monde théologique moderne, a-t-elle remporté dans notre ville un premier triomphe doctrinal, sanctionné par la voix du Pontife romain. Nous sommes aux avant-postes : est-il étonnant que nous enregistrions les premières victoires ?

Depuis bientôt deux ans, le *Messager du Cœur de Jésus* a publié chaque mois, sous le titre d'*Echos de Paray-le Monial*, quelques pages, qui faisaient ressortir ce mouvement, cette action, cette doctrine, ces espérances, tout cet ensemble de choses passées, présentes et futures, qui forment autour de nos sanctuaires un concert harmonieux à la gloire du divin Cœur. Les pieux lecteurs ont fait un si bon accueil à ces Bulletins, qu'on nous demande de divers côtés de les réunir à part. C'est pour répondre à ces désirs que paraît le présent volume.

Il est dédié à tous les amis du Sacré Cœur, par conséquent à toutes les âmes vraiment chrétiennes. Cependant l'humble auteur s'adresse en particulier aux associés de la *Communion réparatrice*, dont il est spécialement chargé. Cette Œuvre, qui offre à la justice de Dieu, *cent mille* communions par jour, est née à Paray-le-Monial, du fait des apparitions mêmes. On peut dire qu'elle a eu, pour premier fondateur, le Cœur de Jésus, et pour premiers associés, Marguerite-Marie Alacoque et Claude de la Colombière. L'un et l'autre ont compris la parole du divin Maître : « Toi du moins, donne-moi ce plaisir de suppléer à l'ingratitude des hommes ».

Le Père Victor Drevon a recueilli cette idée dans le sanctuaire vénéré de la Visitation. Son âme d'apôtre en a été saisie et transportée ; et il s'en est servi pour former une vaste association, qui est répandue maintenant dans tout l'Univers catholique. Ce qu'elle a donné et donne encore de consolation au Cœur du Divin Maître, Lui seul pourrait le dire. Pour notre humble part, il nous plaît de répéter, après l'immortel Pie IX, qui en a béni les débuts : « La Réparation est une œuvre divine destinée à sauver la société ».

Paray-le-Monial, Maison la Colombière. — *Fête de Sainte Marie-Madeleine*, Patronne de la Communion réparatrice. — 22 juillet 1895.

Sa Sainteté Léon XIII

ÉCHOS DE PARAY-LE-MONIAL

Décembre 1893.

LE MOUVEMENT DE LA DÉVOTION
A
PARAY-LE-MONIAL

Pour obéir à de pieux désirs, nous donnerons régulièrement, de mois en mois, quelques nouvelles de notre cher Paray. Ce seront de simples notes, j'allais dire de simples fleurs, qui n'auront d'autre mérite que celui d'avoir été recueillies dans ce petit coin de terre, privilégié entre tous les lieux du monde par le Cœur de Jésus.

Les moindres échos de Paray intéressent les âmes qui sont dévouées au Sacré Cœur. Elles se rappellent que c'est ici, où le divin Maître a parlé à sa servante, la B. Marguerite-Marie, et où il a fait ses grandes révélations et formulé ses si consolantes promesses.

L'origine de la dévotion au Cœur de Jésus a été évidemment marquée par la Providence à Paray-le-Monial. Mais, comme on l'a dit, les dons de Dieu sont sans repentance. C'est pourquoi une influence secrète attire toujours les âmes de ce côté, tandis que le Sauveur continue à répandre ici ses grâces de choix et ses faveurs spirituelles.

PÈLERINAGES

A vrai dire, les grandes foules, qui vont encore à Lourdes, ne viennent plus autant à Paray, si ce n'est rarement et comme en passant. Elles sont loin, les années bénies de 1873 et de 1874, où la France entière et le monde catholique semblaient s'être donné rendez-vous auprès du Sacré Cœur. Diverses causes, qu'il est inutile de rapporter, expliquent ce ralentissement regrettable.

Cependant de nombreux petits groupes d'élite ne cessent, pendant toute la belle saison, de venir prier dans nos sanctuaires. Si l'enthousiasme y perd quelque chose, la dévotion y gagne beaucoup. La saison des vacances est particulièrement remarquable sous ce rapport. Pour goûter mieux le repos de l'esprit, on vient chercher à Paray la paix et la consolation de l'âme. Le calme de notre petite ville, son caractère éminemment religieux, le cachet de piété de ses monuments, aussi bien que de ses chapelles, y prêtent d'une façon admirable. Que de fois n'avons-nous pas entendu ces paroles, qui sont un vrai cri du cœur : « Oh ! qu'il fait bon prier ici ! Qu'on y est tranquille ! Qu'on y est heureux ! » La Bienheureuse appelait déjà « ce cher Paray, le lieu de son bonheur ».

A noter, pour le 30 août dernier, le pèlerinage d'une centaine de Bretons, qui se rendaient à Ars et à La Salette. Le lendemain, 31 août, mille deux cents Alsaciens-Lorrains, dont un certain nombre d'annexés, s'arrêtèrent ici, en revenant de Lourdes. Mgr Foucault, évêque de Saint-Dié, présidait entouré d'une soixantaine de prêtres... Exercices de piété nombreux dans tous les sanctuaires; dévotion ardente et insatiable des pèlerins, qui se succèdent à l'envi dans la chapelle des Apparitions. Toutes les voix redisent, avec un entrain merveilleux et un accent énergique, les

Vue de Paray-le-Monial prise du côté du jardin de la Visitation

cantiques de salut et d'espérance. Oui ! le Sacré Cœur « sauvera l'Église et la France ». Notre chère patrie reverra encore les « beaux jours » d'autrefois, et les bannières en deuil de Metz et de Strasbourg, suspendues aux murailles du sanctuaire, laisseront tomber le voile de crêpe qui les recouvre depuis vingt ans et plus. Les vaillants Bretons et nos fidèles Alsaciens-Lorrains viennent des deux extrémités opposées se réchauffer dans le Cœur de Jésus : c'est là un signe non équivoque de vitalité.

La Loire (10 septembre) et l'Ardèche (12, 13, 14 septembre) ont aussi envoyé des groupes considérables. On peut le remarquer, les pèlerinages nous arrivent de ces provinces, où vivent les races fortes qui, malgré le malheur des temps, ont conservé les saintes ardeurs de la foi.

J'oubliais de mentionner à sa place un spectacle des plus touchants. C'était le matin du dimanche, 9 septembre. Les habitués de la Visitation furent étonnés de voir une vingtaine de jeunes militaires pieusement prosternés autour de l'autel. Ils communièrent avec une angélique ferveur. Qui étaient-ils? On l'aura peut-être deviné. C'étaient des séminaristes soldats, en garnison à Vichy, qui, ayant pu quitter la caserne pour quelques heures, s'empressaient de former une couronne d'honneur au divin Roi des Tabernacles. Ces perles retrouvaient un instant leur place; mais pourquoi donc les en avoir arrachées, par une inspiration *mauvaise*, pour ne rien dire de plus ?... On ne distrairait pas sans crime les brillants de l'ostensoir, non plus qu'on n'enchâsse, sans folie, les diamants dans le fer et le plomb. En ce jour du moins, le Cœur de Jésus fut consolé; et cette communion était vraiment réparatrice.

Voici qui est également d'un bon exemple et d'une bien plus grande importance. Le 22 septembre, la chapelle de la Visitation était remplie de vénérables religieux portant l'habit blanc de saint Bernard. A l'issue du Chapitre général tenu au monastère de Sept-Fons (Allier), les Révérends Pères abbés de la Trappe avaient eu l'excellente inspiration d'offrir et de consacrer au Cœur de Jésus l'union si heureusement consommée de toutes les branches diverses de l'Or-

Le Révérendissime Dom Sébastien, général de l'ordre Cistercien.

dre cistercien. Ils étaient conduits par le Révérendissime Père Dom Sébastien, le nouveau général de l'Ordre, qui, avant de revêtir l'humble coule des religieux, avait porté dans les nobles combats, sous le nom de capitaine Wyart, le brillant uniforme d'officier des zouaves pontificaux.

Devant le Saint-Sacrement exposé, le Révérendissime Abbé fit, en latin, d'une voix ferme et énergique, l'acte suivant de consécration, de réparation et d'hommage au souverain Roi Jésus-Hostie.

En voici la traduction :

« O Cœur très sacré de Jésus, prosternés devant vous, nous reconnaissons que nous vous appartenons tout entier. Nous vous consacrons nos maisons et tous ceux qui les habitent; défendez-nous donc, nous et les nôtres, et tout ce qui est à nous; protégez-nous et dirigez-nous, pour l'avancement de votre plus grande gloire.

« Dans cette actuelle tempête d'impiété qui se déchaîne, ô Jésus, contre le nom de Dieu et votre nom, contre votre sainte Église et contre vos serviteurs fidèles, nous n'avons rien davantage à cœur que de professer hautement ces vérités. A vous, toujours vivant dans le sacrement de l'Eucharistie, est dû l'*hommage* intégral, public et solennel ; au nom de notre Ordre tout entier, et faisant nôtre le cri de notre bienheureux saint Bernard, nous proclamons en ces termes votre universel domaine :

« Je revendique Jésus pour mon Seigneur ; je soutiens
« qu'il est mon Maître, puisqu'il possède tout droit sur ma
« personne; j'affirme qu'il est mon Dieu; je le reconnais
« pour mon Souverain Seigneur, et je le déclare : *Je n'ai*
« *d'autre Roi que le Seigneur* Jésus. » (Hom. IV super *Missus est.*)

La grande portée de cet acte n'échappera à personne ; il consolera tous les vrais amis du Sacré Cœur. Nous savons que l'idée en a été conçue à Rome, aussitôt après l'élection du nouveau général. Selon ses promesses, le divin Maître maintiendra l'union et la paix dans cette famille religieuse, qui vient de lui être consacrée si solennellement.

Je n'en finirais pas, si je voulais signaler les pèlerinages particuliers. Un jour, c'est un vieux paysan qui arrive à deux heures de relevée, après un long voyage à pied. Il demande à communier, car il est venu à jeun, et désire satisfaire sa dévotion. Une autre fois, on put voir une noble famille tout entière s'agenouiller sur les dalles, pour se consacrer à haute voix au divin Cœur. Ces spectacles édifient autant qu'ils consolent.

Quant aux fêtes de la B. Marguerite-Marie, rien de bien spécial à signaler, sinon la présence du cardinal Thomas, archevêque de Rouen, qui les a grandement rehaussées. Il est originaire de Paray, où on aime à le revoir souvent. Son Éminence a parlé en termes très choisis et pleins d'onction de l'Ami divin, qui *console* et qui *pardonne*... Cet Ami par excellence, c'est le Sacré Cœur de Jésus. « *Amico fideli nulla est comparatio* »... (*Eccli*. VI, 15). Ce texte était développé et appliqué on ne peut mieux. En finissant, l'éminent orateur a rappelé ce trait de la vie de la Bienheureuse, où Notre Seigneur lui demandait de *réparer* les outrages qui lui sont faits... L'humble vierge s'excuse en objectant sa faiblesse et sa misère. Mais le Cœur de Jésus jette un rayon de flamme dans le cœur de sa servante, en lui disant : « Voilà de quoi me faire *réparation* ».

RETRAITES

Paray est la ville du pieux recueillement et des ferventes prières; elle devait être choisie à ce titre pour les retraites spirituelles. Il semble en effet que les âmes y sont de plus en plus attirées pour se livrer aux saints Exercices. Pour les hommes, la maison la Colombière, où repose le corps du vénérable apôtre du Cœur de Jésus, offre toutes les facilités désirables par son ampleur et sa situation privilégiée. Les prêtres viennent en grand nombre, la plupart isolément, et quelquefois, ce qui vaut mieux, en groupes compacts. C'est ainsi que, du 7 au 12 août, on a donné une grande et pieuse retraite de quatre-vingts ecclésiastiques de l'Association de Saint-François de Sales. Le Supérieur général, M. Chaumont, présidait et suivait les exercices, qui étaient prêchés par un des prêtres de l'Œuvre.

Souvent durant l'année, nous avons eu de bien intéressantes retraites d'ouvriers. La plupart viennent de Montceau-les-Mines. Plus de *cinq cents* de ces chers travailleurs sont déjà venus se convertir et se retremper dans la solitude. Ils forment un noyau chrétien plein de zèle, qui fait espérer de grandes choses pour l'avenir. Il est vrai que M. Léonce Chagot, gérant des mines de Blanzy, qui avait si puissamment favorisé cet apostolat, a été arraché tout à coup par la mort à l'affection de tous ses ouvriers. On peut dire qu'ils l'aimaient comme le meilleur des pères et le vénéraient comme le modèle des patrons chrétiens. C'est le plus bel éloge à faire de cet homme de bien. Mais nous avons la douce confiance que les œuvres qu'il a commencées se continueront et prendront même un nouvel accroissement.

Les retraites des hommes du monde sont moins nombreuses ; mais nous avons vu de ces *Messieurs* qui nous ont fort édifiés. Tel ce jeune homme de vingt-trois ans qui venait, la semaine dernière, s'enfermer dans la solitude, pour se préparer devant Dieu à contracter une noble alliance que le Sacré Cœur bénira, puisqu'elle a été faite sous ses heureux auspices.

Les religieuses du Cénacle offrent, de leur côté, les mêmes avantages aux personnes du sexe. Ici encore toutes les classes se succèdent presque sans interruption. Avant et après les grandes dames et les institutrices, sont venues de Montceau, les humbles « trieuses » de charbon. Pour elles aussi les fruits de salut et de sanctification ont été consolants. Plusieurs de ces femmes du peuple avaient peine à se reconnaître elles-mêmes ; la retraite les avait non seulement converties, mais elles se sentaient devenues apôtres, et elles portaient dans leurs familles et leurs ateliers le feu sacré allumé au foyer du Cœur de Jésus.

CAUSES DE LA BIENHEUREUSE MARGUERITE-MARIE
ET DU VÉNÉRABLE DE LA COLOMBIÈRE

On désire ardemment et on demande de tous côtés au ciel la canonisation de la Bienheureuse et la béatification du Vénérable de la Colombière. Nos pèlerins, nos retraitants expriment des vœux dans ce sens. D'ailleurs, tous sont persuadés que ces deux causes sont intimement liées l'une à l'autre. Au reste, il est remarquable de constater combien la confiance dans l'intercession du serviteur de Dieu va de jour en jour en augmentant.

On peut dire que tous les pèlerins de Paray viennent s'agenouiller devant l'humble pierre de son tombeau. Ils lui demandent des faveurs pour eux et ceux à qui ils s'intéressent. Nous savons que plusieurs ont été exaucés [1]. Le procès diocésain *des vertus et des miracles* vient d'être complètement fini à Autun, et les pièces en seront portées prochainement à Rome. Dieu veuille que les deux causes soient promptement avancées ! Ce serait une fête sans pareille dans notre petite ville ; et si, selon les récentes paroles de Léon XIII, « la dévotion du Cœur de Jésus doit sauver le monde » (*Univers*, 12 octobre), rien ne pourra contribuer plus efficacement à la répandre que le triomphe et l'exaltation de ses deux premiers apôtres.

1. Une famille anglaise, dont le père est ministre protestant converti, venait dernièrement remercier le Vénérable de la guérison d'un enfant unique, qui avait été obtenue par son intercession. Nous laissons à l'Église le soin de juger ce fait, dont il sera sans doute question dans le procès de béatification.

Janvier 1894.

DÉBUTS

DE L'ANNÉE JUBILAIRE DE L'APOSTOLAT DE LA PRIÈRE

ET

DU QUARANTIÈME ANNIVERSAIRE DE LA COMMUNION RÉPARATRICE

———

Voilà l'hiver venu, et désormais la ville du Sacré Cœur est rentrée dans le calme le plus profond.

La châsse de la B. Marguerite-Marie a été replacée, selon l'usage, au soir de sa fête du 17 octobre, sous l'autel des Apparitions. C'est là que la sainte Voyante reposera aux pieds du Maître jusqu'aux beaux jours. Avec les premiers parfums de la nouvelle année, elle sortira de sa retraite, pour embaumer la vénérée chapelle et reparaître aux yeux ravis des pieux visiteurs.

En attendant, cette place lui convient bien. Elle a dû la convoiter pendant sa vie mortelle, puisqu'elle était insatiable de prier le plus près possible du Dieu eucharistique. « Jour et nuit », écrit la Mère Greyfié, sa supérieure, « notre chère Sœur Marguerite-Marie eût voulu être devant le Saint-Sacrement. On ne la voyait jamais autrement qu'à genoux, les mains jointes, ce qui nous mettait en admiration, vu ses continuelles langueurs et douleurs. » (*Contemp.*, I, 171).

Désormais, son âme jouit de la félicité céleste, mais son corps glorifié reste aux pieds de Jésus, presque au même endroit qu'autrefois, et toujours dans l'attitude de l'adoration et de la prière : « *Defuncta adhuc loquitur*. » Oui ! Marguerite-Marie, n'en doutons pas, parle et intercède pour nous, durant ces longs jours de silence. Elle prie pour les pèlerins du Sacré Cœur, pour ceux du passé et pour ceux de l'avenir. Elle est vraiment « suppliante ».

De même Paray semble-t-il imiter « sa bonne sainte », en se recueillant dans une prière plus fervente et tout apostolique. Nos rares pèlerinages individuels et isolés, qui seuls se

Châsse de la Bienheureuse Marguerite-Marie.

continuent encore, présentent ce double caractère. On prie et on vient prier pour les âmes ! — Il pleut, il vente, il neige ici, comme presque partout en cette saison. Mais malgré le froid, les tempêtes et les frimas, l'on entend, vingt et cent fois le jour, sonner les cloches des églises ou chapelles, des couvents ou communautés. (Il n'y en a pas moins de dix, dans notre petite cité de quatre mille âmes.) Ces larges et pleines volées, ces doux et légers tintements, ces joyeux carillons attestent qu'il y a là des âmes qui s'élèvent vers les hauteurs jusqu'à Dieu, qui gémissent « entre le vestibule et l'autel », qui demandent pour le Cœur de Jésus : consolation, amour et réparation.

Notre correspondance sera, pour cette fois, consacrée particulièrement à recueillir ces échos plus intimes du Paray qui prie et intercède avec le divin Suppliant. Si je ne me trompe, on peut donner sur ce sujet des détails qui ne manqueront pas d'exciter quelque intérêt parmi nos fidèles Associés.

LA COMMUNION RÉPARATRICE ET L'APOSTOLAT DE LA PRIÈRE

Voici tout d'abord un rapprochement de dates, qu'il importe de signaler au début de 1894. En même temps que sera célébré, dans le monde entier, le « cinquantième » anniversaire de « l'Apostolat de la Prière », auquel nous serons heureux de prendre une large part; l'Association de « la Communion réparatrice » pourra fêter sa « quarantaine », car elle est née en 1854. N'est-il pas juste que les deux Œuvres-sœurs, sorties du Cœur aimant de Jésus, soient ainsi unies dans leur solennel triomphe, comme elles l'ont été parmi les dures épreuves? Ce ne doit pas être sans raison que la Providence les a distancées précisément de dix années. L'une a préparé les voies à l'autre ; et celle-ci, un jour, a couronné celle-là. Pourquoi désormais les séparer, puisqu'elles vont si bien ensemble dans l'union et la charité ?

D'ailleurs, « quarante » ans de vie ne suffisent-il pas, pour se réjouir et remercier? Ce nombre est biblique plus qu'aucun autre. Voilà « quarante » ans, bientôt sonnés, que les âmes chrétiennes s'en vont, « poussées par l'Esprit de Dieu », dans la solitude des sanctuaires du monde entier, non plus tant pour jeûner et s'abstenir, sinon des « aliments du péché, » mais plutôt pour se nourrir du « vrai pain de vie », et offrir à Jésus-Hostie, trop souvent délaissé et abandonné, un peu de la consolation que son Cœur sollicite et attend. « *Improperium expectavit Cor meum... Et sustinui... qui consolaretur, et non inveni.* » (Ps. LXVIII, 21).

Ils furent bien modestes, les commencements de notre Association. Mais tout ce qui a son origine dans le divin Cœur présente d'abord ce cachet de l'humilité, avant d'être agrandi et glorifié. Le R. P. Ramière a raconté, avec son éloquence enflammée, comment le R. P. Drevon conçut l'idée de la Communion réparatrice, ici même, en 1854. « Il était venu de Lons-le-Saulnier pour prêcher, dans l'église de la Visitation de Paray-le-Monial, une neuvaine en l'honneur du sacré Cœur de Jésus. Là, sa piété n'eut pas de peine à saisir l'écho toujours retentissant sous ces voûtes bénies, des plaintes qu'arrachaient, il y a deux siècles, au Sauveur, les outrages de ceux qui lui sont spécialement consacrés. Le divin Maître lui dit au cœur ce qu'il avait dit à sa généreuse servante : « Toi, du moins, donne-moi ce plaisir de suppléer à leur ingratitude, autant que tu peux en être capable. » Le P. Drevon répondit à cette invitation avec une fidélité qui ne devait jamais se démentir; et, dès lors, la Communion réparatrice devint l'objectif de son existence. » (*Messager*, juin 1880, page 680.)

Instituée, dès cette année même, à Lons-le-Saulnier, dans le vieux sanctuaire de Notre-Dame de Montciel, l'Œuvre fut peu après transplantée à Avignon. Cependant, malgré un premier Bref du Souverain Pontife (1854), elle ne devait prendre tout son développement qu'en revenant à sa terre d'origine, à Paray-le-Monial. « Pour que de ce germe, dit encore le P. Ramière, naquît le grand arbre qui couvre aujourd'hui le monde, il fallait qu'il reçût la fécondité de l'influence qui a produit dans l'Apostolat de la Prière une transformation semblable. Il fallait que la première de ces deux dévotions, comme la seconde, se rattachât par un lien plus visible au Cœur de Jésus. »

A l'occasion de ces anniversaires, les deux Œuvres se prêteront encore un mutuel concours. L'Apostolat de la Prière ira dans tout l'univers, sur les ailes de ses trente *Messagers*, exciter une nouvelle flamme de ferveur, qui conduira les âmes à la Table sainte ; et la Communion réparatrice « renouvellera aussi sa jeunesse, » pour réchauffer les cœurs au foyer eucharistique, où s'apprend et se consomme la prière apostolique. Oui, unissons-nous pour remercier Dieu et demander de plus abondantes bénédictions !

LE COMITÉ DE PARAY. — LES ASSEMBLÉES.
LES COMMUNIONS

Si, après quarante ans, la Communion réparatrice a des actions de grâces à rendre à Notre Seigneur, elle doit un témoignage de gratitude à son Comité central de Paray. Il est composé de nobles dames, qui emploient à cette OEuvre toutes les ressources et les industries de leur dévouement et de leur piété. Elles se font « Apôtres » dans leurs familles, et étendent encore bien au delà leur action bienfaisante. On ne s'étonnera pas qu'ici soit le modèle par excellence du bon fonctionnement de l'Association. A vrai dire, rien n'est plus naturel. D'ailleurs nos Zélateurs et Zélatrices du monde entier le savent bien, et elles pourront toujours s'adresser au Directeur ou à ces dames, dont je ne nommerai que la Présidente, Mme d'Épenoux, et la Secrétaire, Mlle de Lagarde.

Nos assemblées se font aussi très régulièrement chaque mois, dans la belle église des Religieuses du « Cénacle ». Ce nom dit par lui-même : recueillement, prière, zèle et sacrifice pour Jésus, avec Marie ; mais ici, il ne représente que la réalité des choses. Il fait bon aller au « Cénacle » se retremper, tous les mois, dans la ferveur, par une communion réparatrice. A la réunion d'octobre, il y eut une petite surprise : C'était le nouveau Directeur, qui se présentait pour la première fois. On supposera bien que ce changement se soit fait sans bruit, sans opposition, sans difficulté,... mais je ne dirais pas, sans quelque regret.

Malgré une pluie qui tombait dru, la réunion de novembre fut aussi très nombreuse. L'église était pleine. Il y avait des personnes de toutes les classes et de tous les âges. Les hommes étaient représentés par de fervents Zélateurs. On sait qu'à Paray, il y a plus de vingt familles d'ancienne noblesse. Grâce à Dieu et à une certaine atmosphère de piété qui règne ici, elles ont conservé, en général, les meilleures traditions chrétiennes. Mais les humbles ouvrières, les paysannes elles-mêmes viennent aussi faire régulièrement leur communion du mois ; plusieurs font celle de la semaine. Nous avons environ *quatorze mille* Communions réparatrices par an. C'est un beau chiffre, pour une population de quatre mille âmes, dont un certain nombre est dispersé en dehors de la ville.

Il faut dire que les communautés religieuses donnent un appoint considérable. Chacune d'elles a son jour marqué dans la semaine, ce qui fait que la « réparation » se continue toute l'année, sans interruption, dans la ville du Cœur de Jésus.

Voici l'ordre, tel qu'il a été fixé en un cycle parfait, où l'on remarquera de délicates attentions : à la Visitation est réservé le jour du Seigneur par excellence, le dimanche ; les pénitentes Clarisses ont le lundi ; aux Dames des Saints-Anges, appartient le mardi ; l'orphelinat des Oblates du Sacré Cœur a le mercredi ; le jeudi revient de droit aux Sœurs du Saint-Sacrement ; à l'hôpital, les filles de Sainte-Marthe communient le vendredi, et enfin, les Dames de Notre-Dame du Cénacle le font, en union avec Marie, le samedi. « *Erant perseverantes in oratione cum* Maria *Matre* Jesu, *et fratribus ejus.* » (Act. II, 42.)

Oui, les nombreux prêtres et religieux de Paray, comme les « frères et apôtres de Jésus » sont heureux de compléter, cette « semaine mystique, » j'allais dire de donner « l'octave » en offrant tous les jours l'Hostie sainte de propitiation, au lieu où le Sacré Cœur a demandé « réparation et amende honorable » pour le monde entier. Ainsi le concert de l'expiation et de la louange se fait-il sur une gamme pleine et parfaite. Puisse donc le Cœur de Jésus en être consolé, et exaucer surtout nos humbles prières, en faveur des âmes qui nous sont unies par les liens de nos pieuses associations !

FAVEURS ACCORDÉES AUX ASSOCIÉS DE LA COMMUNION RÉPARATRICE

Nous n'entendons pas parler des nombreuses indulgences plénières et autres, dont jouissent les Associés du 3ᵉ Degré de l'Apostolat, ou les membres de la Communion réparatrice. Elles ont été souvent énumérées tout au long. De plus, nous les avons recueillies dans un petit « feuillet » qui nous sert de « Billet d'admission. »

Mais voici un document trop peu connu, par lequel le monastère béni de la Visitation nous accorde des faveurs toutes particulières. Il sera sans doute aussi agréable que consolant de lire cette précieuse pièce dans sa teneur.

« Vive ✝ Jésus !

« *La supérieure et les Religieuses du monastère de la Visitation Sainte-Marie, au Comité central de l'Œuvre de la Communion réparatrice, à Paray-le-Monial :*

« C'est avec bonheur que nous confirmons au Comité central de la Communion réparatrice, dont le siège est établi, depuis 1881, dans la maison des Religieuses de la Retraite de Notre-Dame du Cénacle, à Paray-le-Monial, la promesse faite le 2 juillet 1865, par notre humble monastère, au R. P. Drevon, fondateur de l'Œuvre, d'une participation spéciale et à perpétuité, pour tous les Associés présents et à venir, à tous les suffrages, communions, oraisons et bonnes œuvres qui se font ou se feront dans notre communauté ; et cela, nonobstant la suppression des Diplômes d'affiliation employés primitivement à cette fin.

« Comme aussi, nous confirmons l'engagement, pris à la même date, d'enfermer à perpétuité, dans l'autel de l'oratoire intérieur, où mourut notre bienheureuse Sœur Marguerite-Marie Alacoque, tous les noms des Associés qui nous seront remis ou envoyés.

« Daigne le Sacré Cœur de Notre Seigneur Jésus-Christ féconder de plus en plus cette grande et belle Œuvre, et nous être propice à nous-mêmes, en vertu de cette union de prières et de mérites, auxquels nous sommes aussi heureuses que reconnaissantes de participer.

« *Fait au monastère de la Visitation Sainte-Marie de Paray-le-Monial, sous les auspices de saint Joseph, le 19 mars 1887.* » — Suivent les signatures de la Supérieure et de ses conseillères. —

Nous ne saurions que témoigner ici notre plus vive gratitude pour cet acte de largesse spirituelle, dont nos Associés apprécieront la valeur. Et puisque nous sommes intéressés à tout ce qui se fait de bonnes œuvres dans le pieux monastère, c'est le cas de rappeler qu'un Bref tout récent de Léon XIII vient d'y ériger en « Archiconfrérie » l'association de « l'Heure Sainte, » qui a été instituée à Paray dès 1829, par le R. P. Debrosse, S. J. On sait que tous les membres de l'Apostolat de la Prière peuvent gagner, une fois la semaine, une indulgence plénière, s'ils pratiquent en commun cet exercice dans une église ou chapelle, quels que soient le jour et l'heure désignés par le Directeur. (*Bref* du 30 mars 1886.)

Parmi toutes ces faveurs, nous n'aurions garde d'oublier celle dont nous a gratifiés la Direction générale de Toulouse, en nous accordant les pouvoirs de délivrer à Paray des Diplômes spéciaux de Zélateurs ou de Zélatrices de la Communion réparatrice aux personnes qui se dévoueraient particulièrement, quoique pour une raison ou pour une autre elles ne fassent pas partie de « l'Apostolat de la Prière ». Cette aimable concession, réjouira nos fervents Associés et excitera leur zèle ! D'ailleurs, si nous ne craignions d'influencer leur liberté, nous les engagerions vivement à profiter aussi des avantages immenses qu'offre « l'Apostolat de la Prière, » sans imposer guère plus d'obligations. Mais comme les dons de Dieu sont divers, ainsi les dévotions varient selon le mouvement de l'Esprit-Saint, « qui souffle comme il veut et où il veut. » Après tout, qu'importe ? Pourvu que Notre Seigneur soit aimé et que les âmes trouvent le chemin du ciel, qui est le but suprême de toutes les Œuvres.

PÈLERINAGES. — GRACES OBTENUES PAR LE SACRÉ CŒUR

En cette saison, ils deviennent de plus en plus rares, ceux qui entreprennent le pèlerinage de Paray. Mais en observant un peu les arrivées et les départs, on pourrait facilement remarquer que ce sont les hommes d'Œuvres, les prêtres-apôtres, qui profitent surtout de cette époque de relâche pour venir se retremper dans la fournaise du Cœur de Jésus. Ils arrivent de tous les coins du globe. C'est ce que nous avons pu constater, en parcourant le registre des prêtres qui ont célébré la messe à la chapelle des Apparitions, pendant ces dernières semaines.

Toutes les contrées du monde, tous les Ordres, toutes les Congrégations envoient leurs représentants, je pourrais dire leurs ambassadeurs les plus distingués. Ces hommes de Dieu sont arrivés sans bruit, et ils disparaissent comme des ombres. Mais ils ont offert la sainte Victime sur l'autel où le Sacré

Cœur s'est manifesté ; ils ont baisé la poussière des vénérés sanctuaires ; ils ont versé là des larmes secrètes de consolation ; ils ont prié ardemment pour les « chères » âmes. Dès lors, ils s'en vont fortifiés et prêts à continuer leurs nobles luttes et les bons combats du Christ.

Chapelle de la Visitation, où le Cœur de Jésus se révéla à la Bienheureuse Marguerite-Marie.

Donnons au hasard quelques détails et quelques noms. D'Espagne est venu le P. Fulgence, des Carmes déchaussés ; d'Italie, le P. Alphonse, procureur général des Barnabites, et le P. Aloysio Steccanella, des Clercs réguliers serviteurs des infirmes ; la Belgique a envoyé, entre plusieurs autres, M. Hooghe, Directeur des Sœurs de la charité, à Mons ; le Canada, le Chili, la Syrie et l'Australie ont été dignement représentés. Nous avons vu aussi, je crois, dans la même semaine : l'abbé Dellès, archiprêtre de Sainte-Ségolène de Metz, qui a eu sa place, s'il ne l'occupe encore, au Reichstag allemand ; le vaillant abbé Garnier, le Supérieur des Missionnaires de Notre-Dame du Laus, le R. P. Boulanger, provincial des Frères Prêcheurs de Paris, et le P. Marchal, missionnaire de Domrémy, qui a été bien inspiré en venant parler de Jeanne d'Arc, la libératrice de la France, dans la ville du Sacré Cœur et de la B. Marguerite-Marie.

Il faut bien qu'il y ait ici, non seulement une attraction secrète pour les âmes, mais encore une source abondante de faveurs et de bénédictions. La preuve en est que les actions de grâces et 'es *ex-voto* continuent d'arriver de divers côtés. C'est le fils d'un de nos sénateurs les plus chrétiens et les plus célèbres qui, après avoir recommandé au Cœur de Jésus son examen de licence, nous charge de le remercier, tout en lui demandant encore une guérison bien désirée ; c'est un pécheur obstiné, d'une grande ville d'Italie, qui fait publier sa conversion, comme « un miracle éclatant » de la grâce du Sacré Cœur ; c'est encore un bon jeune homme qui vient de faire son service militaire à Lyon, et qui nous apporte une plaque de marbre, où sont écrits ces mots : « En témoignage de la protection dont il a été l'objet. » J. M.

Vraiment, nous ne saurions admettre sans réserve ce qu'on a parfois prétendu, à savoir qu'ici, à Paray, l'on n'obtiendrait que des faveurs spirituelles. Qu'elles soient plus nombreuses, oui ; mais le Sacré Cœur est toujours d'une infinie bonté, et parmi ses « promesses, » il en est plusieurs qui regardent l'ordre temporel. Qu'on invoque donc avec foi, humilité et persévérance la B. Marguerite-Marie et le Vén. P. de la Colombière; et ces disciples favoris du divin Maître feront des merveilles de toutes sortes. « *Le bras de Dieu n'est pas raccourci.* » (Is. LIX, 1.)

LES APOTRES DU SACRÉ CŒUR. — LES RETRAITES

Cela nous conduit à dire un mot sur l'avancement des causes de nos premiers apôtres du Sacré Cœur. L'immortel Pontife Léon XIII, qui a parlé de cette dévotion en termes si admirables aux délégués de l'Apostolat de la Prière et de la Communion réparatrice, ne couronnera-t-il pas bientôt de l'auréole des saints la B. Marguerite-Marie? C'est l'espérance de tous. On sait qu'une prière dans ce sens est répétée souvent dans les sanctuaires et chapelles de Paray. — Mais on est de plus en plus persuadé que la cause de la béatification du Père de la Colombière ne saurait alors rester en arrière. Les pièces viennent d'être portées à Rome par le P. Charrier, S. J., le nouvel historien du Vénérable, dont l'ouvrage va bientôt paraître [1].

En attendant, « la tombe » reste silencieuse. Elle reçoit sans cesse des « suppliques » que la piété des fidèles vient y déposer en grand nombre. Aussi les visites et les recommandations se multiplient-elles, dans notre humble chapelle. Nous avons su qu'un vieillard des environs de Roanne

---

[1]. Ce livre a paru sous le titre d' « Histoire du Vénérable Père Claude de la Colombière, complétée de documents inédits ». 2 vol. in-8°, chez Delhomme et Briguet, Lyon, 3, avenue de l'Archevêché.

(Loire), obstiné à ne pas recevoir les sacrements, est mort pieusement, après une neuvaine de messes célébrée à cette intention près du tombeau du P. de la Colombière. Une pauvre femme de Montceau-les-Mines insiste, pour qu'on publie une « guérison » de bronchite chronique, qui se serait opérée en sa faveur, aussitôt qu'elle eut placé sur sa poitrine des reliques du Vénérable. L'application de ces mêmes reliques aurait sauvé un homme de Ciry-le-Noble (Saône-et-Loire), atteint d'une tumeur gangreneuse, pour laquelle les médecins ne voyaient plus d'autre remède que l'amputation. Il va sans dire que nous réservons à la sainte Église de se prononcer sur la nature de ces faits. Mais ils prouvent du moins, de la part des fidèles, une pleine et entière confiance.

Plusieurs retraites ont encore eu lieu, à l'ombre de nos sanctuaires. Je ne signalerai que celle de la Toussaint, pour les ouvriers de Montceau, auxquels s'étaient joints quinze jeunes gens du Cercle catholique établi à Nevers. Mgr Lelong avait bien voulu donner des encouragements et une bénédiction à ses chers diocésains, en partance pour Paray-le-Monial. Nous en avons recueilli les fruits avec bonheur. La piété, l'édification, l'entrain ont été parfaits, d'autant qu'un petit groupe de jeunes ouvriers de Paray prenait part, pour la première fois, à ces saints Exercices. Il y eut entre les mineurs, les Parodiens et les Nivernais, un échange de fraternelles sympathies; et je puis dire, pour l'avoir vu, que bien des larmes coulèrent, quand sonna l'heure de la séparation. Tant il est vrai que les âmes unies en Dieu se trouvent être tendres et bonnes; et elles sont bien vite attachées par les liens de l'aimable charité chrétienne.

Au commencement de cette année, il nous reste à faire des vœux pour nos chères Œuvres et pour tous nos Associés. Nous ajouterons de ferventes prières aux pieds du Sacré Cœur; car lui seul, étant le Maître, peut nous bénir efficacement et nous garder contre le mal.

Que tous redoublent de supplications et qu'ils multiplient leurs communions ferventes, afin que les deux anniversaires de l'Apostolat de la Prière et de la Communion réparatrice deviennent le point de départ d'une nouvelle action plus féconde encore, pour la gloire de Dieu et le salut des âmes.

Février 1894.

LA COMMUNION RÉPARATRICE

ÉTAT JUSQU'A L'ANNÉE 1893

Elle est passée désormais, l'année 1893, qui rappelait le plus triste des centenaires. A ses débuts, l'ancien Directeur de l'Œuvre à Paray-le-Monial conviait tous les associés « à faire abonder la réparation, où abondèrent, il y a un siècle, tant de profanations, tant d'attentats et de forfaits sacrilèges. » (*Compte rendu* de 1892.)

Cette pieuse voix a été entendue; les prières, les sacrifices et les communions auront sans doute contribué plus qu'aucune autre cause à détourner, de notre pauvre France et de toute l'Église, les grandes catastrophes que l'on pouvait craindre. Cependant, ce serait une illusion que de croire le péril conjuré, parce que nous avons doublé cette date malheureuse, qui semblait à plusieurs comme un nouveau « Cap des Tempêtes. » En réalité, le mal est plus menaçant que jamais, et les orages grondent sans cesse au-dessus de nos têtes. On a beau chercher et interroger tous les horizons; il n'y a qu'une espérance certaine. Selon les consolantes paroles de l'immortel Pontife qui tient le gouvernail du bateau de Pierre, cette « unique espérance, » cette « arche de salut, » ce « gage du futur triomphe » est dans la dévotion au Sacré Cœur et dans ses divines promesses. (*Allocution* du 11 octobre 1893 aux Délégués de l'Apostolat de la Prière.)

C'est pourquoi nous voulons continuer à suivre cette direction et porter de ce côté nos regards, nos vœux et nos efforts. Si nous détournons un instant la tête, pour considérer le chemin parcouru, ce sera pour nous encourager à marcher toujours vers le même but. Encore une fois, là est le salut; et il n'est que là.

QUARANTIÈME ANNIVERSAIRE DE LA COMMUNION RÉPARATRICE.
COUP D'ŒIL D'ENSEMBLE

En touchant à 1894, notre Œuvre est arrivée à la quarantième année de sa fondation. C'est le cas de remercier DIEU et de redoubler de ferveur. Quarante ans de piété ! Quarante ans de dévotion ! Quarante ans de réparation ! Le Cœur de JÉSUS peut seul mesurer « les consolations » qui sont tombées, durant ce temps, dans l'abîme immense de ses désirs. Lui seul peut compter exactement les « effets » produits par la Communion réparatrice, pour apaiser sa justice outragée.

S'il nous est permis d'essayer quelques calculs, nous arriverons à des chiffres qui semblent énormes. Voici donc un bilan ou état général et approximatif, fait d'après les données officielles les plus certaines.

L'Œuvre fondée en 1854, par le P. Drevon, de douce et sainte mémoire, est parvenue :

Le P. Victor Drevon, fondateur de la Communion réparatrice (1820-1880).

En 1860, à 10,000 communions par jour ;
En 1875, a 40,000 — —
(Voir le Rapport du Congrès de Paris. — *Correspondance*, t. X, n° 8.)

En 1878, à 50,000 communions par jour.
(Voir le *Rapport* du Congrès de Faverney, p. 4.)

En 1880, à 60,000 communions par jour.
(Voir le *Résumé* du Congrès de Lille, par le P. Tesnière.)

Si nous prenons une moyenne, nous arrivons, pour cette première période de vingt-six ans, aux chiffres qui suivent :

De 1854 à 1860, moyenne de 5,000 comm. par jour = 10,950,000
De 1860 à 1870, — 15,000 — = 54,750,000
De 1870 à 1875, — 35,000 — = 63,875,000
De 1875 à 1878, — 45,000 — = 49,275,000
De 1878 à 1880, — 55,000 — = 40,150,000

TOTAL, pour le Centre de Paray-le-Monial : 219,000,000
Qu'on ajoute au moins un tiers de cette somme,
obtenu pendant la même période, par le Centre de
Toulouse.................................... 70,000,000
On aura le chiffre de........ 289,000,000

Depuis 1880, la Communion réparatrice a fondu en grande partie ses cadres, avec ceux de l'Apostolat de la Prière (3ᵉ Degré). Cela n'a pu que lui donner un plus grand accroissement. Cependant, si pour diverses raisons le mouvement ascensionnel n'a pas suivi dès lors la même progression extraordinaire, on ne pourra du moins nous taxer d'exagération en comptant une moyenne générale de 80,000 communions par jour. Quelque considérable qu'il puisse paraître d'abord, ce chiffre semblera même trop faible, si l'on considère que les deux Œuvres réunies de l'Apostolat de la Prière et de la Communion réparatrice sont parvenues à avoir aujourd'hui dans le monde entier : 51,488 Directions locales. (*Messager*. Janvier 1894, page 121.) Supposer moins de deux Communions quotidiennes par chaque Direction n'est certes pas exagéré.

Dès lors, une simple opération d'arithmétique complétera les chiffres donnés plus haut.

De 1880 à 1894, moyenne de 80,000 comm. par jour = 408,800,000
A reporter................ 289,000,000
Total pour les 40 années................ 697,800,000

On nous pardonnera ces calculs qui, pour avoir été faits à grands traits et d'après une échelle *minima*, resteront sans doute bien au-dessous de la vérité. Mais notre siècle se fait un mérite d'être « positif, » ce qui est son moindre défaut ; il nous sera bien permis, pour cette fois, de satisfaire ses goûts. On demande des chiffres, toujours des chiffres : en voilà, et des meilleurs, si je ne me trompe. Ils paraîtront bien plus consolants que certaines statistiques du crime et de la débauche, dont on nous a jusqu'ici assez fatigués. A la fin, on voudrait voir autre chose que le « revers » de cette médaille humaine, qui doit avoir une « face » plus honnête et plus divine.

Voilà donc *sept cent millions*, plus d'un demi-milliard de Communions réparatrices, que nos petites OEuvres ont offertes, depuis quarante ans, au Dieu bon et miséricordieux, qui veut bien s'appeler le Cœur de Jésus. Si ce n'est pas encore là toute notre dette et notre rançon qui, hélas! s'accroît sans cesse, il est permis d'espérer que nous en avons ainsi payé une bonne annuité. On peut se demander : Pourquoi le monde ne s'écroule-t-il pas sous le poids de ses innombrables forfaits? Pourquoi la justice de Dieu n'écrase-t-elle pas l'humanité coupable? Ah! c'est qu'il y a d'un autre côté le plateau de la miséricorde, qui se charge tous les jours de ces expiations, de ces réparations, de ces communions... Quand on songe qu'une communion bien faite, en union intime avec Jésus-Christ, peut compenser et contrebalancer des millions de blasphèmes et de sacrilèges, toute la Providence de Dieu s'éclaircit d'un rayon de douce lumière. L'on comprend que « le Père, qui est dans les cieux, fasse luire encore et toujours son beau soleil sur les bons et sur les méchants. » (Matth. V, 45.)

Arche eucharistique (*beau travail en vieil ivoire*). (Collection du Hiéron.)

Oh! qu'ils furent bien inspirés ces hommes de Dieu, qui se nommaient les Pères François-Xavier Gautrelet, Henry Ramière et Victor Drevon, en instituant, il y a cinquante et quarante ans, les deux Œuvres, qui ont suscité ce beau mouvement dont nous voyons le plein essor! Le monde les ignore, parce qu'ils ont travaillé dans l'humilité et le silence; mais ils n'en compteront pas moins parmi les vrais bienfaiteurs, on pourrait presque dire les sauveurs de l'humanité. Ces titres ont été souvent donnés à qui les méritait trop peu; ici ils seraient bien appliqués.

Cependant, on n'oubliera pas que c'est le Cœur de Jésus qui est le foyer où ces apôtres ont allumé la flamme de leur zèle. On se souviendra que c'est à Paray-le-Monial où ils ont trouvé leur « idée » et puisé la force de la mener à bonne fin. Voilà pourquoi, si nous osions formuler un vœu, nous voudrions qu'en ce double anniversaire la ville du Sacré Cœur pût entrevoir l'espérance de réunir leurs dépouilles mortelles. En vrais soldats du Christ, ils sont tombés les armes à la main et leurs corps reposent en divers lieux. Celui du P. Gautrelet, qui fut le premier Père et fondateur de ces Œuvres, est resté à Montluçon (Allier) ; le vaillant P. Ramière dort le sommeil de justice à Toulouse ; tandis que notre pieux P. Drevon est enterré à Rome, où la mort le frappa à l'improviste en 1880. Ne leur conviendrait-il pas mieux d'être couchés dans la même tombe, auprès des premiers apôtres de leur chère dévotion ? Ah ! si on pouvait les consulter ! Ils voudraient attendre ensemble la résurrection à l'ombre de nos pieux sanctuaires, non loin de la châsse de la B. Marguerite-Marie, et à côté du Vén. P. de la Colombière. Si ce vœu, que nous avons entendu exprimer plusieurs fois, se réalisait enfin, nous savons que bien des cœurs battraient de joie, d'allégresse, et ambitionneraient de reposer aussi dans cette « hypogée » des Amis du Cœur de Jésus.

NOUVELLES PARTICULIÈRES DE LA COMMUNION RÉPARATRICE.
AGRÉGATIONS RÉCENTES

En interrogeant nos Zélateurs et Zélatrices, comme il est d'usage à la fin de chaque année, il nous est arrivé de toutes parts les plus consolantes nouvelles. L'Europe, l'Asie et l'Amérique ont répondu à notre appel. Ce sont nos frères de Philadelphie (États-Unis) qui nous demandent de s'unir plus étroitement au centre de Paray. Ils veulent eux aussi avoir les « Échos » de notre cité bénie ; et nous les enverrons avec bonheur, tous les mois, par delà les continents et les mers. Ce sont les habitants des Lieux-Saints, qui désirent également s'associer à notre Œuvre réparatrice. Le fervent Carmel du Mont-des-Oliviers à Jérusalem semble oublier les grands souvenirs de cette terre, sanctifiée par la présence, les prières et la prédication du Verbe incarné, pour penser à notre petit coin de France, où le Sacré Cœur s'est révélé « dans ces derniers siècles ».

L'Angleterre, l'Amérique, l'Allemagne, l'Espagne, la Belgique entrent à l'envi dans notre concert. Nos cadres se maintiennent et s'augmentent dans la catholique Irlande, particulièrement dans la bonne ville de Cork. Une dame de Puig-Cerda, près de Barcelone, a envoyé à notre comité quinze séries de semaines parfaitement organisées. Würtzbourg, en Bavière, compte à cette heure dix-huit séries de semaines et deux sections mensuelles. L'Œuvre s'était implantée là, il y a peu de temps, par les soins d'une humble et fervente Zélatrice, qui avait eu grand'peine à réunir d'abord sept Associés. Elle envoyait alors ces quelques noms, en demandant si elle pouvait offrir si peu à l'Association. Notre-Seigneur a béni cette touchante humilité. Il nous arrivait encore dernièrement, du fond de la Hongrie, une lettre écrite en fort bon latin, qui contenait des listes très longues de noms d'hommes et de femmes, avec des protestations de fidélité à « l'Œuvre du P. Drevon. »

Cependant la France reste, malgré tout, notre principal centre d'action. C'est aussi là que les communions réparatrices, en union avec le Sacré Cœur, se multiplient davantage. Hélas! notre chère patrie a peut-être plus besoin que d'autres de demander pardon et d'expier ses fautes. Mais tout n'est pas perdu, puisque le bien est à côté du mal. Les simples bourgades le disputent en ferveur aux grandes villes et les patronages ou congrégations de village rivalisent de dévotion avec les communautés religieuses. Dans le Midi, les centres de Marseille et de Cannes se distinguent entre tous les autres. Le comité de cette dernière ville est si uni à celui de Paray, qu'il nous transmet chaque mois le compte rendu des réunions. Il y a là de grands sujets d'édification, dont nous voudrions faire part à nos lecteurs. Voici un simple petit extrait, pris un peu au hasard; il prouvera qu'on entend la dévotion grandement et pratiquement sous le beau ciel de Cannes. « Malgré l'absence de la colonie étrangère (mois d'août), le mouvement de piété si fortement imprimé par nos Zélatrices n'a pas souffert de trop sensible altération. Le Patronage du Sacré Cœur pour les jeunes ouvriers, adopté par notre Comité, comme un fruit de son apostolat, essaie d'apporter chaque jour son humble appoint de consolations au divin Jésus. Le nombre des jeunes gens se maintient. Nous espérons de le voir augmenter, quand nous jouirons, en septembre, du local en construction à la villa Saint-Joseph. Les travaux ont commencé le premier vendredi de juillet. Cette maison est, comme Béthanie, la propriété du divin Cœur de Jésus. Sur la façade, nous poserons un cœur sculpté et une inscription en latin : *Au très saint Cœur de Jésus cet édifice est consacré par vœu* (1893). » Bravo! ces âmes vaillantes aiment Jésus et le font aimer.

Marseille se distingue aussi par le zèle de son comité. On nous écrit: « Nos efforts, durant l'année 1893, ont tendu à augmenter le nombre des Zélatrices, afin de pouvoir atteindre des Associées nouvelles. Une de ces Dames a profité d'un séjour passager dans un petit village du département de Vaucluse, pour enrôler dans l'Association le curé et une bonne partie de ses paroissiennes. Le comité a répandu beaucoup de feuilles destinées à recueillir des aumônes spirituelles, qui ont été portées à Rome au mois d'octobre et offertes à Notre Très Saint-Père le Pape, en l'honneur de son Jubilé épiscopal... La retraite annuelle, prêchée par le R. P. Joyard, a laissé dans toutes les âmes le désir de se dévouer, avec un nouveau zèle, à reprendre de plus en plus le culte de la réparation. »

En remontant vers le centre, nous trouvons ce même zèle à Viviers, à Bourges, à Moulins et dans diverses localités de la bonne Auvergne. A Clermont-Ferrand, le Père Directeur nous annonce qu'il compte « plus de 1,200 Associés, dont le plus grand nombre sont des personnes gagnant leur vie par le travail. « Le Nord ne reste pas en arrière. Douai et Amiens se distinguent particulièrement. M. le curé d'Hallouin, dans le diocèse de Cambrai, nous écrit : « L'Association de la Communion réparatrice présente, pour 1893, la situation suivante : Associés : hommes, 70 ; femmes, 535 ; total : 605, dont 120 font la communion hebdomadaire, soit 440 communions par mois. — Ensemble : 1,045 communions mensuelles. » Ces chiffres sont éloquents et font la gloire du zélé pasteur et de ses ouailles. Ailleurs, à la Haye-du-Puits (Manche), une humble femme du peuple a recueilli la liste suivante, qu'elle regarde comme trop restreinte selon ses vœux, et que nous trouvons simplement merveilleuse. « Voici le nombre des communions qui se font chaque jour de la semaine : dimanche, 174 ; lundi, 58 ; mardi, 88 ; mercredi, 55 ; jeudi, 90 ; vendredi, 115 ; samedi, 60 ; premier vendredi du mois, 138 ; chaque quinzaine, 195 ; chaque mois, 400. »

Qu'on nous pardonne de citer encore le rapport d'une bonne zélatrice, qui écrit à notre secrétaire de Paray : « Je vous dis, Mademoiselle, qu'il y a quatre séries de semaines et quatre séries de trente, et en plus, 22 Associés. Quand je vois des personnes qui en sont capables, je leur donne leur billet d'admission... En tout, pour le moment, (il y a) huit vingt-dix (170) Associés. Les quatre séries de sept se font très bien ; mais les autres, il y a bien quelques personnes en retard. Cependant, depuis que j'ai établi la Communion réparatrice à Grazac, je vois avec plaisir que les communions du premier vendredi sont beaucoup plus nombreuses ; et tout doucement ça va en augmentant, parce que nous avons le bonheur d'avoir un vicaire qui tient tant à faire communier. » Ce langage si naïf et si simple n'a-t-il pas un parfum délicieux de piété ? C'est pourquoi nous l'avons laissé tel quel, sans y toucher.

Notre Œuvre s'est établie dans plusieurs nouveaux centres. Nommons les principaux : Guignen et Étielles (Ille-et-Vilaine), Haubourdin (Nord), Saint-Germain-en-Laye (Seine-et-Oise), Gournay-en-Bray (Seine-Inférieure), Rémuzat (Drôme), Yenne (Savoie), Montceau-les-Mines (Saône-et-Loire), Cléry (Loiret).

Cette dernière fondation de Cléry est due au zèle admirable d'une grande et noble chrétienne, dont tout le bonheur en ce monde est de travailler au salut des âmes et à l'avènement du royaume de Jésus-Christ. Une mission donnée par ses soins avait préparé les voies. Elle alla ensuite, en véritable apôtre du Sacré Cœur, porter elle-même le feu sacré. Il faut croire qu'elle fut bien inspirée et aussi bien écoutée, puisque nous pouvons désormais enregistrer, pour cette petite bourgade, près de cent cinquante Communions réparatrices par mois.

Châsse expiatoire des attentats de Montceau-les-Mines.
(Don de Mme L. Chagot au Hiéron de Paray).

Je n'oublierai pas de dire que, grâce à nos retraites d'ouvriers et d'ouvrières à Paray-le-Monial, nous avons à Montceau-les-Mines des groupes fervents de Zélateurs et de Zélatrices. Les communions hebdomadaires et mensuelles de nos braves mineurs et de nos trieuses de charbon deviennent de plus en plus nombreuses. Ils sont loin les temps malheureux des attentats sacrilèges de la « bande noire » contre la divine Eucharistie. C'est le cas de répéter que « là où abondèrent les crimes, surabondent maintenant les grâces de la réparation ». (Rom. V, 20.)

Mais pour continuer à augmenter ces précieux résultats, nous engageons vivement tous nos Associés à se rattacher de plus en plus au centre spirituel de Paray. Ici le Cœur de Jésus a demandé, il y a deux cents ans, pitié et consolation ; ici lui-même a inspiré, il y a quarante ans, l'Œuvre dont nous nous occupons ; ici est largement ouverte la source féconde de ses grâces et de ses faveurs ; ici retentit toujours l'écho de ses divines promesses.

DIFFUSION DE L'IMAGE DU SACRÉ CŒUR
EFFETS PRODUITS

La B. Marguerite-Marie raconte ce qui suit, dans une de ses lettres au R. P. Ignace Rolin, son directeur spirituel, après le Vén. P. de la Colombière. « Un jour de saint Jean l'Évangéliste, après avoir reçu de mon divin Sauveur une grâce à peu près semblable à celle que reçut, le soir de la Cène, ce disciple bien-aimé, ce divin Cœur me fut représenté comme sur un trône tout de feu et de flammes, rayonnant de tous côtés, plus brillant que le soleil et transparent comme un cristal. La plaie qu'il reçut sur la croix y paraissait visiblement. Il y avait une couronne d'épines autour de ce Sacré Cœur et une croix au-dessus... Il m'a assuré qu'il prenait un plaisir singulier d'être honoré sous la figure de ce Cœur de chair, dont il voulait que l'image fût exposée en public, afin, ajouta-t-il, de toucher par cet objet le cœur insensible des hommes, me promettant qu'il répandrait avec abondance, dans le cœur de tous ceux qui l'honoreraient, tous les dons dont il est plein ; et que partout où cette image serait exposée, pour y être singulièrement honorée, elle y attirerait toutes sortes de bénédictions ; qu'au reste, cette dévotion était un dernier effort de son amour, qui voulait favoriser les chrétiens en ces derniers siècles, leur proposant un objet et un moyen en même temps si propre pour les engager à l'aimer, et à l'aimer solidement. » (Lettre cxxviii. *Vie et Œuvres*, tome II, p. 325.)

Pour obéir au désir du Cœur de Jésus, notre Comité de Paray-le-Monial s'est fait un pieux devoir de répandre cette sainte image. Tandis que Notre-Seigneur est presque partout méconnu et que son amour est méprisé, n'est-ce pas là une manière de faire acte d'honneur et de réparation ? D'ailleurs, la propagande par l'image est une forme d'apostolat qui convient on ne peut mieux aux goûts et aux besoins de notre siècle. Rien ne semble plus propre à frapper l'esprit et à laisser une profonde impression dans les cœurs. Le Dieu qui a créé et « pétri » la nature humaine en connaît mieux les fibres que tous nos modernes amateurs de réclame qui, hélas ! abusent encore ici d'une bonne chose. Aussi bien, la volonté du divin Maître étant formelle à cet égard, cela nous suffirait à défaut d'autre raison. Jésus, le divin Roi, veut désormais régner sous cet emblème de son Cœur. Il a d'abord subjugué le monde, en publiant sa divinité par le « Chrisme » révélé à saint Jean : « Je suis l'*alpha* et l'*omega* ». (Apoc. I, 7.) Plus tard, « la Croix » a entraîné les rois et les peuples sous les étendards du Christ vainqueur. A partir du quatorzième siècle, c'est le monogramme du « Nom de Jésus » qui rappelle aux hommes son titre de Sauveur. Mais dorénavant, « il a un plaisir singulier que l'image de son Cœur soit exposée en public... Et c'est le dernier effort de son amour en ces derniers siècles. »

Dès lors, nous voudrions que ce signe sacré brillât sur toutes les poitrines humaines, qu'il fût exposé avec honneur dans tous les foyers chrétiens, qu'il parût sur toutes les maisons particulières et sur les édifices publics, qu'il fût représenté sur les drapeaux de toutes les nations sauvées par le Christ. Hélas ! notre petite Œuvre n'est qu'à ses débuts, et ses ressources sont très restreintes. Cependant, voici des chiffres et des détails qui sont déjà pleins d'espérance. Pendant l'année 1893, il a été distribué par les soins de notre Comité : 100,120 scapulaires du Sacré-Cœur, 4,200 images, 24,000 feuilles de propagande qui expliquent les emblèmes et le culte du Cœur de Jésus.

Veut-on maintenant connaître les effets produits par cet apostolat? Nous laissons la parole à nos correspondants. M. le curé d'Usinens (Haute-Savoie) nous écrit : « Je fais tous mes efforts pour établir dans ma paroisse la dévotion au Sacré Cœur de Jésus. Notre-Seigneur semble bénir mon travail. Mais je désire ardemment que le divin Cœur soit publiquement honoré dans chaque famille. Il me faudrait pour cela un certain nombre d'images et de brochures concernant le Sacré Cœur, et renfermant les promesses précieuses que Notre Seigneur a faites à ceux qui l'honoreraient dans son divin Cœur. »

A l'autre extrémité de la France, le curé de V... s'exprime ainsi : « Encouragé par mon confrère et voisin, M. le curé de C..., et aussi après avoir vu de mes propres yeux tout le bien que produisent dans une paroisse vos magnifiques gravures du Sacré Cœur, je me suis décidé à solliciter aussi votre inépuisable charité... » Il remercie, dans une autre lettre, en termes émus, et proclame les précieux résultats obtenus pour vaincre l'indifférence et l'impiété dans sa paroisse, qui est en partie protestante, et où l'on voyait, dit-il, « ce spectacle unique de jeunes filles apprenant le violon pour faire danser les jeunes gens. »

Mais voici un fils de saint Benoît, missionnaire en Bretagne, qui envoie à la Mère Supérieure du Cénacle les plus intéressants détails : « Je cède volontiers à vos vœux, en vous envoyant un résumé succinct de ce que le Cœur de Jésus a bien voulu faire, depuis deux ans, par le ministère de quelques enfants du R. P. Muard, en résidence au monastère de Kerbeneat, diocèse de Quimper. Le concours de vos bonnes prières a sans doute été pour beaucoup dans le succès extraordinaire de nos images du Sacré Cœur, tant françaises que bretonnes. Près de 30,000 de ces dernières seulement ont déjà été distribuées dans ce diocèse. Nous pouvons à peine suffire aux nombreuses demandes qui nous arrivent de tous côtés. C'est surtout à l'occasion de nos retraites que se font nos grandes distributions. Après le sermon sur le Sacré Cœur, on invite un membre de chaque famille à venir prendre une image du Cœur de Jésus. Mais comme nos faibles ressources ne suffiraient pas à une si grande propagande, nous prions les personnes aisées de donner une petite offrande de 15 centimes pour leur image. Grâce à ce procédé bien simple, la caisse du Sacré Cœur suffit aux besoins des pauvres et des riches. Nous avons pu, à certains moments, envoyer un bon nombre d'exemplaires de nos images à la Mission du Congo et à différents diocèses de France, moins bien partagés...

« Notre apostolat de l'image du Sacré Cœur trouve un appui considérable dans le *Messager* breton, qui compte près de 3,000 abonnés, ce qui représente 90,000 ou 100,000 lecteurs, chaque abonné étant d'ordinaire à la tête de 30 Associés au moins. — Dans la plupart des paroisses, les messes du premier vendredi sont assurées et se disent avec solennité, c'est-à-dire avec accompagnement de chant et un grand concours de fidèles, qui font la Communion réparatrice à cette messe. Je ne parle pas des distributions de scapulaires du Sacré Cœur et des consécrations à ce divin Cœur. Elles se font désormais à la plupart de nos retraites d'hommes, de jeunes gens et d'enfants. Ces retraites se terminent d'ordinaire par une procession, où chacun porte sur sa poitrine le scapulaire du Sacré Cœur et fait sa consécration solennelle. C'est, comme vous le voyez, la flamme du divin Amour qui s'étend de plus en plus par ce moyen, et finira, selon les désirs de Notre-Seigneur et de sa bienheureuse Servante, par embraser tout l'univers. »

En effet, il nous arrive de toutes les parties du monde des nouvelles consolantes à ce sujet. Le P. Romano, S. J., écrit de Syra (Archipel grec) :

« Après avoir visité les principaux centres catholiques du continent hellénique, je me contenterai de tout vous dire en une seule phrase : Le Sacré Cœur commence à triompher et à régner partout... A Patras, bon nombre de fidèles communient le premier vendredi ; l'image du Cœur de Jésus est presque dans toutes les maisons et le scapulaire sur toutes les poitrines... Au Laurium, il est entré et il règne. Pendant la mission que j'ai donnée, les ouvriers se sont approchés des sacrements avec une piété touchante ; chacun s'en retournait du confessionnal avec une image du Sacré Cœur, qu'il baisait tendrement. Là aussi bien qu'à Volo, j'ai voulu établir *l'Apostolat de la Prière*.

« Il me resterait à vous parler d'Athènes ; mais cette ville est restée la capitale de ces gens que saint Paul dit être « sans affection ». Cependant, je ne ne perds pas tout espoir. J'ai profité d'une première communion, assez nombreuse, pour faire distribuer des scapulaires et des images. Ainsi, après deux mois de courses apostoliques, je rentre à Tinos, après avoir semé plus de deux mille images ou emblèmes du Sacré Cœur, lui laissant le soin de convertir et de sanctifier ce malheureux pays. »

Au risque d'abuser, nous extrairons encore quelques lignes d'une lettre enthousiaste adressée par le Frère Cléomène, des Petits Frères de MARIE : « Les scapulaires, que vous avez eu la bonté de m'envoyer, ont pris direction d'abord en France, et ensuite dans les cinq parties du monde. Tous nos Frères occupés en France, au nombre de 3,800, tous nos religieux qui sont dans les Missions, 1,000 environ, tous nos Frères-soldats (192), portent l'emblème du Sacré Cœur. Il en est de même pour nos Novices et nos Juvénistes, qui sont à peu près 2,000. Nos Frères des États-Unis, du Canada et de l'Amérique du Sud nous écrivent que les rares scapulaires qu'ils peuvent distribuer à leurs enfants sont portés ostensiblement le dimanche aux offices, et les grandes personnes en paraissent jalouses. En Espagne, les enfants sont fiers de porter sur leur habit l'image du Sacré Cœur. Nos Frères de Constantinople et de Chine nous disent la même chose. Dans les îles de l'Océanie, nos religieux écrivent qu'une image ou un scapulaire du Cœur de Jésus est souvent honoré par les grands et les petits, et que le sauvage lui-même l'expose avec vénération dans sa hutte. Le Révérend Frère Supérieur vient de partir pour visiter nos Missions de l'Océanie et du Sud de l'Afrique. Je l'ai muni d'un bon paquet de scapulaires ; mais il m'écrit de Port-Saïd qu'on le harcèle déjà pour avoir une part de ces trésors. »

On ne peut rien ajouter à ces témoignages si éloquents. Mais il faut remercier Notre-Seigneur d'avoir bien voulu attacher ses meilleures bénédictions à ce signe de salut et d'amour. Oui ! c'est là un vrai apostolat qui, par les sens, va jusqu'au fond des âmes. Répandons ces images le plus possible. Par là, nous causerons au Cœur de Jésus « un singulier plaisir »; et, de plus, « il répandra de son côté avec abondance, dans le Cœur de tous ceux qui l'honoreront, tous les dons dont il est plein. »

LES CAUSES DE LA B. MARGUERITE-MARIE ET DU VÉNÉRABLE P. DE LA COLOMBIÈRE

Un mot encore, avant de finir, sur les deux causes de nos premiers apôtres du Cœur de Jésus : la B. Marguerite-Marie et le Vénérable P. de la Colombière. La Bienheureuse a proclamé bien haut la sainteté de son pieux directeur, et la puissance qu'il a dans le ciel; et cela, aussitôt qu'il fut mort dans la petite cité du Sacré Cœur. Il n'a cessé, depuis ce temps, d'être un objet de vénération. Nous aimons à répéter ici la réflexion d'une humble et fervente tourière de la Visitation, décédée dernièrement dans la paix du Seigneur, laquelle nous disait un jour : « Notre Sœur Marguerite-Marie n'oserait pas être proclamée sainte, en laissant en arrière son confesseur, le P. de la Colombière. Elle sera sainte, quand il sera bienheureux ». C'est ce que tout le monde pense à Paray-le-Monial.

On prie sans cesse pour obtenir ces deux grâces, que la grande dévotion de Léon XIII envers le Sacré Cœur nous permet d'espérer plus que jamais. Nous avons déjà dit combien la confiance des fidèles augmente envers le Vénérable P. de la Colombière. Son tombeau est continuellement visité par les pèlerins ou par les personnes pieuses de la ville. Ce concours n'existait pas, à ce degré, il y a quelques mois. D'ailleurs, les faveurs spirituelles et temporelles qu'on y obtient vont en se multipliant. On nous demande de partout des reliques; on sollicite des neuvaines dans la chapelle qui contient les précieux ossements; on envoie des *ex-voto* et des actions de grâces. Il appartient désormais à la sainte Église de se prononcer sur le caractère des faits, qui paraissent merveilleux.

Le procès instruit à Autun pendant environ vingt ans (c'est dire le soin qu'on y a mis) est complètement terminé depuis novembre. Les pièces en ont été portées tout récemment à Rome. Nous apprenons que le P. Charrier, à qui a été confiée cette noble commission, entrevoit les meilleures espérances pour un avenir prochain.

Oui, espérons et prions! Le Sacré Cœur exaucera nos vœux, qui tendent par là à sa plus grande gloire. Oh! combien il serait désirable que nous ayons à célébrer bientôt la canonisation de la B. Marguerite-Marie et la béatification du P. Claude de la Colombière! On reverrait accourir à Paray les foules qui sont venues il y a vingt ans. On oublierait les malheurs passés; et l'on se reprendrait à espérer un triomphe prochain pour l'Église et pour la France. Ce serait aussi le plus beau couronnement des « Noces d'or » de l'Apostolat de la Prière et de la « Quarantaine » de notre Œuvre de la Communion réparatrice.

Encore une fois, espérons et prions ! Le Cœur de Jésus est tout puissant, et il est souverainement bon et miséricordieux.

Mars 1894.

PREMIÈRES FÊTES A LA VISITATION

PRÉSIDÉES

PAR Mgr PERRAUD, ÉVÊQUE D'AUTUN

Notre chère cité de Paray a passé les longs mois d'hiver en vraie contemplative; c'est-à-dire qu'elle s'est renfermée dans le silence fécond de la prière et du sacrifice. Durant tout ce temps, les ferventes communautés ont multiplié leurs adorations, tandis que les âmes pieuses redoublaient d'assiduité dans nos sanctuaires. Elles tenaient la place des pèlerins absents. — Ce n'est pas que nous n'ayons vu, surtout dans ces derniers jours, un grand nombre de prêtres, religieux et séculiers, qui venaient de toutes parts s'agenouiller sur les dalles de la chapelle de la Visitation, pour monter ensuite, dans le rayonnement des joies saintes, à l'autel privilégié des Apparitions. Que cherchent-ils ici, ces voyageurs isolés? Que demandent-ils, ces apôtres errants? Sans doute qu'ils ne l'ont pas proclamé; mais nous connaissons leur secret. La sainte Quarantaine approche! Ils sont venus à Paray faire hommage de leur zèle au divin Roi-Jésus; ils sont accourus à l'envi, de tous les coins de la France et du monde entier, pour retremper « le glaive » de leur parole dans la fournaise ardente du Sacré Cœur. Aussi s'en iront-ils, pleins d'ardeur et de vaillance, vers les villes et les bourgades; ils

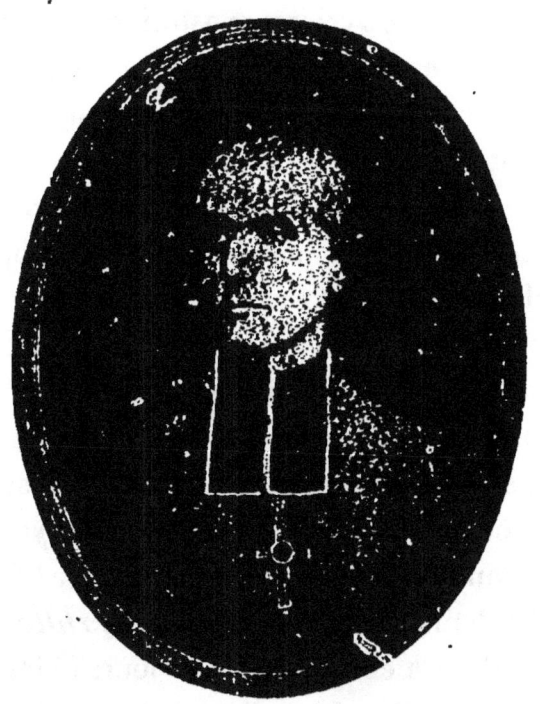

Mgr Perraud, évêque d'Autun,
aujourd'hui Cardinal de la Sainte Église.

monteront dans toutes les chaires de vérité pour allumer et exciter le feu sacré. Ils ranimeront les âmes mortes; ils réchaufferont les cœurs froids.

Prions ardemment afin que les divines promesses s'accomplissent en eux. Oui ! qu'ils aient confiance en la grâce du Cœur de Jésus; par elle, ils convertiront les pécheurs et opéreront des merveilles. Le bon Maître l'a révélé à la B. Marguerite-Marie : « Mon divin Sauveur m'a fait entendre que ceux qui travailleront au salut des âmes auront l'art de toucher les cœurs les plus endurcis, et travailleront avec un succès merveilleux, s'ils sont pénétrés eux-mêmes d'une tendre dévotion à ce divin Cœur. » (*Vie et Œuvres*, tome I, p. 317.) On remarquera que ces paroles, qui s'adressent particulièrement aux ouvriers apostoliques, peuvent très bien être appliquées à tous ceux qui s'intéressent au salut des âmes. Clercs ou laïques, religieux ou religieuses, riches ou pauvres, tous peuvent et doivent participer à cette grande œuvre de régénération spirituelle. Qu'ils prient donc, qu'ils se mortifient, qu'ils se « pénètrent d'une tendre dévotion »; et ainsi « ils travailleront avec un succès merveilleux ». Tandis que les missionnaires lutteront et moissonneront dans la plaine, eux intercéderont auprès de Dieu, sur la montagne.

Cependant, voici le printemps qui s'avance et déjà la cité du Sacré Cœur en a ressenti les premières secousses. J'entends les secousses de la grâce. Si nous en croyons ces heureux pronostics, l'année sera bonne et consolante ! Dès cette heure « la solitude s'anime et se réveille, — *Exultavit solitudo!* » Le bruit des fêtes a commencé. On pourra bien appliquer ici les expressions du Prophète. Paray n'est-il pas aussi, comme Jérusalem, « la Vallée de la Vision, » dont Isaïe a dit : « Qu'a-t-elle donc éprouvé, cette ville, qu'elle se lève tout entière dans ses transports? Elle est pleine des clameurs humaines!... Des foules la remplissent!... La petite cité bondit dans l'allégresse!... — *Clamoris plena, urbs frequens, civitas exsultans!* » (Is. XXII, 2.) Oui, nous l'espérons, ces paroles seront accomplies. 1894 sera une année de réparation, et les multitudes reviendront à Paray, comme aux plus beaux jours. Que ceux qui hésitent encore se décident et se préparent; qu'ils sachent que personne ne s'est jamais repenti d'être venu au Sacré Cœur, qui est la source intarissable de toute bénédiction! Les anciens pèlerins le diront aux nouveaux; et les premiers arrivés le répéteront à ceux qui les suivront.

LA FÊTE DE SAINT FRANÇOIS DE SALES A PARAY-LE-MONIAL

C'était fête, le 29 janvier, à la Visitation de Paray. On y célébrait avec une pompe extraordinaire la solennité du saint Fondateur de l'Ordre, du doux et pieux François de Sales. Dès la veille, les cloches semblaient annoncer cette allégresse par leurs volées plus joyeuses, et les voix du cloître avaient pris le ton festival pour chanter, sur les « trois notes » traditionnelles, les premières vêpres du « Bienheureux Père ». Mgr Perraud, l'illustre évêque d'Autun, était venu consoler ses chères filles, sœurs de Marguerite-Marie, à laquelle il est intimement attaché par de précieux liens de famille et, plus encore, par de tendres sentiments de piété. Sa présence devait rehausser la fête. Dès cinq heures et demie du matin, nous étions dans le sanctuaire, pour y célébrer le saint Sacrifice. A six heures, les Religieuses venaient faire oraison devant le Tabernacle; et sans être indiscret, il nous fut facile d'entendre à travers les grilles le sujet proposé. Gloire éminente de saint François de Sales, comme imitateur plus parfait du Cœur de Jésus; et charité divine ou « sainte dilection, » qui fut la source de toutes ses vertus : telles furent les deux pensées de la pieuse méditation.

Oui! tout près d'un siècle avant d'entr'ouvrir sa poitrine

sacrée et de déclarer à la B. Marguerite-Marie qu'il voulait rendre les filles de la Visitation « dépositaires de son Cœur, » Notre-Seigneur, jetant un regard d'amour sur celui qui devait être le fondateur de l'Institut, formait son cœur sur le modèle du sien, et le rendait le plus humble et le plus doux de tous les cœurs. « Je ne sais pas, dit un ancien auteur, s'il y a jamais eu un saint qui ait pratiqué plus excellemment la leçon du Sauveur : « Apprenez de moi que je suis doux et humble de cœur. » Il y a plus encore. On ne peut douter, en effet, que François de Sales n'ait été une de ces âmes de choix, à qui le Sauveur a révélé son Cœur comme à l'avance et dans l'intimité. Mais ici la Providence préparait directement la grande manifestation universelle qui devait avoir lieu à Paray. Mgr Bougaud a très bien mis ces choses en relief. Le 10 juin, le saint écrivait à la Mère de Chantal : « Bonjour, ma très chère Mère. Dieu m'a donné cette nuit la pensée que notre maison de la Visitation est, par sa grâce, assez considérable pour avoir ses armes, son blason, sa devise et son cri d'armes... Ma fille, je vous dirai, à notre première entrevue, mille petites pensées qui me sont venues à ce sujet ; car vraiment notre petite Congrégation est un ouvrage du Cœur de Jésus et de Marie. Le Sauveur, mourant, nous a enfantés par l'ouverture de son Sacré Cœur. » (Bougaud, *Histoire de la B. Marguerite-Marie*, p. 165.)

« Voilà, reprend l'historien de la Bienheureuse, ce qu'il écrivait le 10 juin 1611. Or, sait-on quel était ce 10 juin ? C'était en l'année 1611, le vendredi dans l'octave du Saint-Sacrement, c'est-à-dire le jour même choisi de toute éternité pour être consacré au divin Cœur, le jour dont Notre-Seigneur dira, soixante-quatre ans plus tard, à la Bienheureuse : « Je veux qu'il y ait, le vendredi après l'octave du Saint-

Sacrement, une fête solennelle dans l'Église tout entière, en l'honneur de mon divin Cœur. » C'est en ce jour que saint François de Sales est comme ravi en extase, et qu'il donne à son Institut naissant, pour devise et pour blason, un Cœur couronné d'épines. » (Ibid.)

Comment les filles de saint François de Sales vinrent elles s'établir à Paray? Il nous est doux de constater que ce fut le P. de Barry, S. J., qui procura cette fondation. Il obtint du monastère de Bellecour, à Lyon, une petite colonie de sept religieuses, qui arrrivèrent dans la cité du Charolais, le 4 septembre 1626. Le nouveau monastère, placé sous le vocable de saint JOSEPH, eut d'abord une existence douteuse et précaire, qui fut encore soutenue par les Jésuites, comme il conste par une lettre de sainte Chantal (*Lettre 930e*). Enfin, un peu plus tard, les Visitandines échangèrent leur Maison, trop étroite et trop resserrée, contre celle du collège de la Compagnie. « Cette Maison des Pères Jésuites, premier noyau des constructions de la Visitation de Paray, n'en remplissait pas les dimensions actuelles, lesquelles s'accrurent par divers achats ; mais elle comprenait les emplacements consacrés depuis par tant de faveurs célestes ; c'est-à-dire la place de l'église et du chœur du monastère, de la cour des Séraphins et de la cellule qui devait recevoir le dernier soupir de la Bienheureuse. » (*Correspondance* de la Communion réparatrice, Xe année, no 7.)

On nous pardonnera sans doute de relever ces faits. C'est qu'il nous semble d'un grand honneur pour ceux qui portent le nom de JÉSUS, d'avoir quelque peu servi à préparer les voies aux grands desseins de la Providence. Ils ont été largement récompensés par Notre-Seigneur, lorsque, environ un demi-siècle après, il voulut bien leur donner une place distinguée parmi les apôtres de son divin Cœur, et désigna un Jésuite de Paray, le P. Claude de la Colombière, pour être directeur et auxiliaire de l'humble Marguerite-Marie.

Cependant, deux cents ans et plus se sont passés. Ne l'oublions pas, nous sommes en 1894. On fête à Paray-le-Monial le fondateur de la Visitation. La chapelle est pleine, bondée. Après le panégyrique du saint, l'Évêque d'Autun monte à l'autel des Apparitions. Il se retourne vers le peuple toujours avide d'entendre sa noble et belle parole. Cette fois, il s'est surpassé lui-même. Il a exalté dans des termes pieux, touchants et élevés l'aimable saint, qui a fondé, avec le seul lien de la « dilection », cette Œuvre merveilleuse, laquelle conserve partout la même doctrine spirituelle, les mêmes pratiques de piété et jusques à la même langue, quoique les divers monastères soient indépendants.

Mais où notre Évêque fut sublime, c'est quand il rappela que ce jour même était arrivée de Rome la nouvelle qui annonçait l'introduction de la cause de Jeanne d'Arc, devenue par là « Vénérable ». Il salua cet événement comme le plus heureux qui pût arriver pour notre chère France.

« Oui ! s'écria-t-il, en termes choisis que nous abrégeons, je suis heureux de proclamer cette « vénérabilité » dans cette chapelle du Sacré Cœur, devant ce saint autel, à côté de notre Bienheureuse qui, elle aussi, fut si Française... La Providence a sans doute voulu que ce sanctuaire des Apparitions ait été le premier, où le nouveau titre de Jeanne fût acclamé et salué... La bergère de Lorraine disait que ses voix lui répétaient « qu'il y avait grande pitié au royaume de France »; mais aujourd'hui c'est le Cœur de Jésus qui s'écrie : « *Misereor super Galliam* — J'ai pitié de la France. » Il a pitié de nous, espérons en Lui !... »

A ces accents, les bannières d'Alsace et de Lorraine appendues aux murailles sacrées durent frémir, comme frémissent les guérets endormis, au souffle des vents chauds.

Le *Messager du Cœur de Jésus* peut bien se féliciter de ces résultats, puisqu'il a été l'un des premiers à exalter l'humble pucelle de Domrémy, la sainte libératrice de la France, la vierge martyre de Rouen. Si nos vœux sont exaucés, l'honneur des autels lui sera bientôt décerné. Léon XIII avancera ainsi son œuvre de pacification sociale. Dès lors, le beau nom de Jeanne sera, à la fois, le symbole de la sainteté aimable et courageuse et du patriotisme ardent et désintéressé. Ce sont choses qui pourraient devenir rares : l'Église fait bien de nous en préparer un modèle parfait.

BÉNÉDICTION DE L'ÉVÊQUE D'AUTUN AUX ASSOCIÉS DE LA COMMUNION RÉPARATRICE

Nos chers Associés n'ont pas tout perdu de ne point assister aux fêtes de Paray. Ils y auront gagné une bénédiction nouvelle et particulière de Sa Grandeur l'Évêque d'Autun, qui peut s'appeler à juste titre l'Évêque du Sacré Cœur.

Il y a plus de trente ans, alors que notre Œuvre était encore à ses débuts et que son centre n'était pas établi officiellement à Paray-le-Monial, ce fut Mgr de Marguerye, évêque d'Autun, Chalon et Mâcon, qui le premier fit une lettre pastorale pour louer et établir canoniquement la Communion réparatrice (1er nov. 1863). Après tout, comme il le dit très bien, ce n'était que justice. « Parmi tant de glorieux souvenirs dont il a plu à la divine Providence d'illustrer notre diocèse, il en est un qui brille entre tous comme un des plus beaux joyaux de cette riche couronne; nous voulons parler de la révélation que daigna faire, à l'humble vierge d'une de nos communautés religieuses, Notre Seigneur Jésus-Christ lui-même, et dans laquelle, lui découvrant les immenses richesses de ce « Cœur qui a tant aimé les hommes », il l'exhortait à le faire connaître, aimer, bénir par toute créature... Or, si c'est là un choix de prédilection, dont il nous est permis d'être fiers, c'est en même temps un héritage sacré, dont nous sommes rigoureusement tenus d'acquitter la dette; car la parole de l'Évangile s'applique aux sociétés comme aux individus : « Celui auquel beaucoup a été donné, on lui demandera beaucoup. » (Luc. XII, 48.)

« Par cela seul que Dieu, dans sa miséricorde, a jeté les yeux sur notre diocèse pour lui confier ce germe d'une dévotion prédestinée à de si féconds et de si admirables résultats, qu'il l'a autorisé, en quelque façon à prendre le beau titre de diocèse du Sacré Cœur, l'Église d'Autun est plus obligée qu'aucune autre, et, pour correspondre à cet insigne privilège, elle doit toujours marcher en tête de toute Œuvre destinée à glorifier ce divin et adorable Cœur. »

Le pieux prélat en vient à recommander la Communion réparatrice : « Oui, s'écrie-t-il, la Communion ! voilà l'acte réparateur par excellence; c'est encore Jésus-Christ, qui nous l'a voulu révéler : « Ma fille, a-t-il dit à son humble servante, je viens dans le cœur que je t'ai donné, afin que par ton ardeur tu répares les injures que j'ai reçues des cœurs tièdes et lâches qui me déshonorent dans le Saint-Sacrement. » Puis, le prélat insiste encore : « Le diocèse d'Autun, le diocèse du Sacré Cœur, ne pouvait demeurer étranger à une aussi sainte et salutaire pratique; et nous ne pouvions tarder plus longtemps à vous la faire connaître publiquement et à vous la recommander avec une légitime insistance. »

Il nous a semblé qu'en cette quarantième année de son existence, notre OEuvre pouvait et devait solliciter une nou-

Communion miraculeuse de Sainte Thérèse
d'après un tableau du Hiéron de Paray.

velle bénédiction de l'éminent prélat qui est, depuis près de vingt ans, à la tête de ce diocèse du Sacré Cœur. La circonstance de la fête de saint François de Sales nous en donnait une bonne occasion. C'est pourquoi, dès la veille de la solennité, à l'heure des premières vêpres, nous allions offrir à Mgr Perraud, au nom de tous les associés, une belle gravure du saint Évêque de Genève, l'ami du Cœur de Jésus. Nous avions ajouté la dédicace suivante :

EMINENTISSIMO . PRÆSVLI

DE . CORDE . IESV . BENE . MERENTI

EIVS

BASILICÆ . ET . CAPELLANORVM

INSTAVRATORI

STIRPIS . EIVSDEM . AC . B . MARG . M .

SODALES . COMMVNIONIS . REPARATRICIS

AB . ORTO . OPERE . XLVM . ANN . CELEBRANTES

HVMILITER . DEVOTE . DICABANT

PARODII

DIE . XXIX . IAN . ANN . MDCCCXCIV

A l'éminent Évêque qui a si bien mérité du Cœur de Jésus, — Au fondateur de la Basilique et des chapelains du Sacré Cœur, qui est de la même lignée que la Bienheureuse Marguerite-Marie, — les Associés de la Communion réparatrice, célébrant la Quarantaine de leur Œuvre, ont offert ce respectueux témoignage de leur dévouement. Paray, 29 janvier 1894.

Tout en présentant ses hommages à l'illustre Prélat, l'humble Directeur de la Communion réparatrice à Paray s'était agenouillé. Il sollicita alors une bénédiction particulière « pour lui et pour tous les Associés, afin qu'ils puissent, après cette quarantaine passée, recommencer un nouveau cycle de piété, de ferveur et de réparation, qui attire sur l'Église et sur la France les miséricordes du Cœur de Jésus ». Sa Grandeur voulut bien nous accorder « volontiers » l'objet de notre requête, et elle nous bénit avec autant de bonté que d'effusion. Merci ! grand merci pour notre chère Œuvre, qui reprendra, dans ces précieuses faveurs, un nouvel élan et comme une nouvelle jeunesse. « *Renovabitur ut aquilæ juventus.* » (Ps. CII, 3.) D'ailleurs, les meilleures nouvelles nous arrivent de toutes parts. Il semble déjà que le renouveau commence. Voilà qu'on nous envoyait encore dernièrement de nombreuses listes, qui contenaient près de deux mille noms de personnes associées tout récemment à notre OEuvre. Il y avait des prêtres et des séminaristes, des religieux et des religieuses, des hommes et des femmes du monde. Tous les rangs et tous les âges se confondent, pour faire réparation au Sacré Cœur. Nous devons nous en réjouir, puisque c'est l'accomplissement des désirs du divin Maître.

LA B. MARGUERITE-MARIE ET LE VÉNÉRABLE DE LA COLOMBIÈRE

En nous parlant, dans l'intimité, de la canonisation tant désirée de la B. Marguerite-Marie, Monseigneur d'Autun nous disait qu'à son récent voyage à Rome, en automne dernier, il avait pu constater que, pour avancer cette chère cause, on demandait des miracles plus éclatants et plus certains. D'ailleurs, ajoutait-il avec raison, on ne peut se plaindre de ces exigences sévères, qui sont un gage de sécurité pour notre foi. A nous donc d'obtenir cette manifestation plus évidente du « doigt de Dieu », qui semble encore faire défaut! A nous de hâter par nos supplications l'heure de la Providence! La prière n'obtient-elle pas tout? Le temps ne semble-t-il pas venu, où le Cœur de Jésus « devrait » nous sauver? Or, l'exaltation de ses premiers apôtres contribuerait sans aucun doute à son triomphe et à celui de l'Église.

Efforçons-nous donc de la procurer. Si ce sont les saints

qui font les miracles, par la vertu divine dont ils sont investis, ce sont les fidèles qui obtiennent ces faveurs par leur ferme et inébranlable confiance. « *Oh ! si nous avions la foi comme le petit grain de sènevé, nous dirions à cette montagne* de difficultés qui s'oppose à la réalisation de nos vœux : *Va-t-en, et elle disparaîtrait, et rien ne nous serait impossible.* » (Matth. XVII, 19.)

Aujourd'hui, nous sommes heureux de reproduire ici une lettre, qui nous a été envoyée, du fond de l'Angleterre, par un grave et pieux religieux. Elle est datée d'un lieu d'exil, que nous avons connu à deux reprises différentes. Par le temps qui court, c'est un mérite bien commun de l'avoir subi.

Mold, Saint-David's college, 19 janvier 1891.

« Mon Révérend Père,

« Il vous souvient sans doute d'avoir connu, pendant votre dernier séjour à Saint-David's, le P. Francis Lynch, alors curé de Mold. Ce bon Père, l'an dernier au mois de mai, tomba tout à coup malade d'une pleurésie grave. Il souffrait aussi beaucoup d'une autre infirmité déjà ancienne, et il me semble même qu'une péritonite était à craindre. Bref, en un jour ou deux, la maladie principale s'aggrava tellement qu'on regarda le malade comme perdu, le médecin n'ayant plus d'espoir de le sauver. D'ailleurs, son âge avancé (76 ans) ne permettait guère d'espérer. Étant son confesseur, je lui suggérai la pensée de s'adresser au Vén. P. de la Colombière, dont je lui donnai l'image avec une notice, pour obtenir, par son intercession et pour l'avancement de sa cause, une guérison qu'on ne pouvait plus raisonnablement attendre des remèdes humains.

« Notre cher malade y consentit volontiers, et nous fîmes ensemble une neuvaine au Vénérable, lui promettant une neuvaine de messes en actions de grâces, si nous étions exaucés. De fait, à mesure que la neuvaine de prières se poursuivait, le pauvre infirme se relevait, et, au neuvième jour, tout danger avait cessé. Un mois après, la convalescence était terminée et le cher Père se trouvait aussi bien portant qu'avant cette rude maladie. Il accomplit sa promesse au P. de la Colombière, et il me permit bien volontiers de faire connaître à Paray la faveur insigne dont il avait été l'objet.

« Cependant, j'ai cru bon d'attendre, afin de constater si la guérison se maintenait. C'est ce qui a eu lieu, Dieu merci ! Le P. Lynch, retourné en Irlande vers la fin de juin dernier, est encore et toujours bien portant.

« Sans doute, cette guérison, que le bon Père n'a pas hésité non plus que moi à attribuer à l'intercession du Père de la Colombière, ne saurait être proposée comme un miracle évident. J'ai cru pourtant qu'elle pourrait servir à glorifier le Vénérable auprès des âmes qui lui sont dévotes et à augmenter leur confiance en lui, ainsi que leur zèle pour sa cause. »

Joseph Petit, S. J.

Oui ! nos pieux lecteurs sauront apprécier cette intéressante communication. Elle ne manquera pas d'exciter leur confiance en la puissante intercession du serviteur de Dieu. Dans les cas de maladie grave, nous serions très reconnaissants qu'on voulût bien nous envoyer les attestations écrites du médecin. Celui de Mold est protestant, et il ne nous déplairait pas, certes, de voir l'hérésie donner son suffrage à la cause que nous poursuivons. Le P. de la Colombière appelait l'Angleterre « le pays des croix », et cela pour de bonnes raisons, puisqu'il eut tant à y souffrir. Ce serait justice que « le triomphe » vînt de ce côté. Il peut et doit venir de toutes parts, puisqu'il s'agit de glorifier le Cœur de Jésus dans son apôtre fidèle.

Que dans tout l'univers catholique l'on prie ardemment pour ces causes de la B. Marguerite-Marie et de notre Vén. Claude de la Colombière! Nous pensons toujours qu'il ne faut pas les séparer. Que l'on y intéresse les personnes infirmes en leur recommandant de s'adresser à l'un ou à l'autre, selon la dévotion de chacun et l'inspiration de la grâce! Mais, encore une fois, que l'on ait surtout confiance, grande confiance : elle ne sera pas déçue !

Avril 1894.

PROGRÈS DE LA DÉVOTION

ENVERS

LE VÉNÉRABLE P. CLAUDE DE LA COLOMBIÈRE

Il se produit à Paray, aux yeux de tous les observateurs attentifs, un fait patent et indéniable. C'est le mouvement croissant de la dévotion des fidèles envers le Vén. Claude de la Colombière. Rien d'ailleurs que de privé et de spontané, dans cet élan de la piété chrétienne. Le tombeau reste toujours obscur et sans gloire extérieure, en un coin de la plus humble et de la plus silencieuse chapelle de notre cité. Cependant, les pèlerins qui viennent honorer le Sacré Cœur veulent tous s'agenouiller sur cette dalle froide pour prier, solliciter ou remercier. Comme les flots de la mer s'agitent à certains jours, sous les influences cachées de la nature, ainsi nous sommes les témoins du mystérieux tressaillement des âmes autour de ce cercueil. La vague pousse la vague ; et ici le visiteur, qui se croit isolé, rencontre le visiteur qui l'a prévenu. N'y a-t-il pas là le souffle de Dieu ?

Au-dessus du tabernacle de l'ancienne Loi, deux chérubins ailés servaient d'oracles à Jéhovah. Le Cœur de Jésus s'est manifesté à la B. Marguerite-Marie, qui a redit les accents divins au P. de la Colombière ; celui-ci devait les répéter au monde entier. Il l'a fait par lui-même et par ses frères. Depuis la création, les œuvres de Dieu s'accomplissent d'ordinaire par une dualité féconde, dans l'harmonie parfaite du mode majeur et du mode mineur, où figurent les deux représentants de la race humaine. La femme y emploie ses tendresses et l'homme y met ses énergies. Unis dans l'action, ils se trouvent associés dans la récompense. Mais jusqu'ici les deux apôtres du Sacré Cœur, j'allais dire les deux anges de la révélation nouvelle, ont eu une gloire inégale. L'heure de la Providence ne serait-elle pas venue pour l'exaltation de l'un et de l'autre? Cette recrudescence de piété envers notre Vénérable n'en est-elle pas le signe? Nous voudrions l'espérer, car nous le désirons ardemment.

Ces quelques pages seront consacrées à rendre un peu compte à nos lecteurs du mouvement dont il s'agit. Tous s'y intéresseront, puisqu'aussi bien ils font des prières et des vœux en vue de la béatification prochaine du serviteur de Dieu. Qu'ils aient avec nous bonne espérance! Les deux chérubins de Paray ne resteront pas toujours séparés; mais nous aimons à croire qu'un temps viendra bientôt, où ils seront ensemble exaltés et réuniront leur gloire et leurs ailes pour servir encore au triomphe du Cœur de Jésus. C'est le divin Maître qui a voulu que les cendres du fils d'Ignace fussent conservées au siège des apparitions, dans cette cité bénie. Il allait partir, quand il reçut de la sainte Amante de Jésus un billet avec ces seuls mots : « Il m'a dit qu'il veut le sacrifice de votre vie ici. » Il resta donc et mourut bientôt. Mais Dieu n'agit pas ainsi, sans quelque dessein particulier, qui se rapporte à sa gloire.

ANNIVERSAIRE DE LA MORT DU P. DE LA COLOMBIÈRE, 15 FÉVRIER

On sait que le P. Claude de la Colombière mourut à Paray-le-Monial le 15 février 1682. Il n'avait que quarante-un ans. Il tombait ainsi à la fleur de l'âge, et, ce semble, au plus beau moment de sa carrière apostolique. Sa couronne était prête. Toute la ville, dont il avait gagné à un si haut degré l'estime et les sympathies, entoura dès lors ses dépouilles mortelles d'une profonde vénération. A ce point que, pour répondre au vœu général, le premier magistrat avait conçu le dessein de lui élever un monument dans l'église paroissiale. Mais le précieux corps fut gardé par les Pères de la Compagnie, qui l'enterrèrent d'abord au caveau ordinaire de leur chapelle, d'où il fut ensuite exhumé, pour être placé avec plus d'honneur dans l'église neuve du collège. Entre temps, l'on s'était partagé de ses reliques, comme en témoigne la Bienheureuse dans une de ses lettres à la Mère de Saumaise (1686 ou 1687) : « Je me fais un plaisir, ma très chère Mère, de celui que vous aurez des reliques de notre saint Père de la Colombière, le corps duquel les Révérends Pères Jésuites ont fait transporter dans leur nouvelle église. L'on nous a fait présent d'un petit os de ses côtes et de sa ceinture, mais en grand secret. Je veux bien partager avec vous, sachant que vous en ferez l'état qui convient, par rapport à l'estime que vous avez pour ce serviteur de Dieu. » (*Vie et Œuvres*, par les Contemporaines, t. II, p. 127.)

Dans la suite, en 1763, lors de la suppression de la Compagnie, les restes mortels du serviteur de Dieu furent confiés aux Visitandines, qui les conservèrent avec un soin et une piété dignes de tout éloge. Ce cher dépôt revint aux nouveaux Jésuites, dès leur retour à Paray, en 1828; mais la disparition de la résidence, sous le souffle des révolutions, fit bientôt replacer la châsse du P. de la Colombière à côté de celle de Marguerite-Marie (1833). Le monastère de la Visitation mit enfin le comble à ses délicatesses, en 1877, quand il nous rendit avec bonté le corps de notre frère. Il repose

Vue de la maison la Colombière

depuis, dans la chapelle provisoire, où les pèlerins viennent l'honorer et le prier. Une simple dalle en marbre noir forme le tombeau. Des couronnes et d'autres souvenirs de toutes sortes sont appendus à la muraille, tandis que le sol est jonché de suppliques, qui deviennent de jour en jour plus nombreuses.

Le dernier anniversaire du 15 février attira un concours extraordinaire de fidèles. Ce n'était pas la foule qui était venue, c'étaient de petits groupes fervents qui se succédaient toute la journée; tandis que, pendant la matinée, des messes avaient été célébrées dans l'humble chapelle, par des prêtres trop heureux de pouvoir ainsi satisfaire leur dévotion. Des fleurs, les premières du printemps, avaient été envoyées de divers côtés, même de l'étranger, pour orner la tombe. Nous avons su que, le lendemain de la fête, on se les disputait comme des reliques, et nous en avons trouvé qu'on conservait précieusement dans un foyer chrétien, pour servir de sauvegarde.

La date du 15 février était déjà *célébrée* tous les ans, par la B. Marguerite-Marie. Chose merveilleuse, que nous sommes heureux de rappeler, elle reçut en ce jour la première de ses révélations sociales en faveur de notre chère France, dont le Vénérable se serait fait le protecteur auprès de Dieu.

« Que de bonheur, écrit-elle, pour ceux qui contribuent à faire connaître cette dévotion ! Car ils s'attirent par là l'amitié et les bénédictions éternelles de cet aimable Cœur de Jésus, et un puissant protecteur pour notre patrie. Il n'en fallait pas un moins puissant pour détourner le fiel et la sévérité de la juste colère de Dieu, pour tant de crimes qui se commettent. Mais j'espère que ce divin Cœur s'y rendra une source abondante et inépuisable de miséricorde et de grâce, ainsi qu'il me semble qu'il le promit à notre bon P. de la Colombière le jour de sa fête, je veux dire le jour de sa mort, 15 février, que je fis célébrer à notre chapelle, depuis les dix heures du matin jusqu'à environ quatre heures du soir, par un grand privilège de l'obéissance. »

La chapelle, dont il s'agit dans cette lettre, est celle qui fut bâtie la première en l'honneur du Sacré Cœur au fond du jardin de la Visitation, où on la voit encore. Marguerite-Marie revient à la fin de sa lettre, où elle raconte les émotions et les visions de sa journée du 15 février, sur la puissante intercession de son saint directeur. « Ce vous doit être une grande consolation d'avoir une si étroite union avec notre bon P. de la Colombière, en sorte qu'il fait dans le ciel, par son intercession, ce qui s'opère ça-bas pour la gloire du Sacré Cœur. » (*Comtempor*. Lettre du 23 février 1689, tome II, pag. 224.)

Il y a donc plus de deux cents ans que la fête du 15 février, — puisque fête il y a, — fut célébrée par une sainte, au milieu des extases et des visions. Son exemple aussi bien que son témoignage nous sont un gage de consolation et d'espérance pour l'avenir. Une autre année, les fleurs reviendront sans doute de toutes parts couvrir, pour un jour, la dalle obscure du tombeau. Mais quand se soulèvera-t-elle donc pour la glorification définitive? Ce sera bientôt, il faut l'espérer avec confiance.

En attendant, nous devons ici une petite confidence à nos lecteurs. Elle paraît minime, mais elle est bien douce à exprimer, et peut-être à entendre. La voici dans sa simplicité. A l'extérieur de la chapelle, le long du mur qui touche sa sépulture, un petit jardin a été tracé et planté dans notre clos. Il affecte la forme symbolique d'un cœur. Là poussent d'humbles plantes que nous cultivons avec amour. Celles-là du moins dureront plus d'un matin. C'est sans doute cette pieuse pensée, qui a inspiré des dons aussi aimables que généreux, dont nous tenions ici à faire mention. Un jour qui n'est pas loin, ces fleurs de la tombe silencieuse se changeront en couronnes du glorieux triomphe. Heureuses les mains qui tresseront ces trophées !

VISITE A L'ANCIENNE RÉSIDENCE HABITÉE PAR LE P. DE LA COLOMBIÈRE

Tandis qu'on venait de toutes parts visiter le tombeau, nous avons voulu faire, avec un aimable compagnon, un petit pèlerinage aux lieux de l'ancienne résidence, où le Vénérable a vécu, est mort et a reposé pendant près de cent ans. Le voyage ne fut pas long, puisque notre Maison la Colombière n'en est guère séparée que par la route. Il paraît en ffet constant que les dépendances et cours de l'ancien collège venaient aboutir jusqu'à la porte de la ville, commandée par la vieille tour qui se tient encore debout en face de notre résidence. Cependant, il faut faire un petit circuit pour arriver à l'entrée. Tournez le Musée eucharistique, suivez pendant environ deux cents pas la rue du Général-Petit et vous trouvez à droite un édifice, qui a vraiment fort grand air, avec sa cour et son escalier d'honneur; le tout fermé par une belle grille en fer ouvré. C'est là le bâtiment central, qui a dû subir, avec le temps, diverses modifications plus ou moins essentielles.

Nous fûmes accueillis avec la plus aimable cordialité par le propriétaire actuel, M. de Daron, qui a bien voulu nous faire visiter tout ce qui nous tenait le plus à cœur. Nous avons vu la place de l'antique chapelle, où était le caveau des Pères. Des ossements y ont été trouvés encore, il y a quelques années. De l'église que la Bienheureuse appelle « la nouvelle église » où fut transporté, en 1686, le corps du serviteur de Dieu, il reste une grande muraille avec plusieurs fenêtres cintrées, d'environ quatre mètres de hauteur. Ces ouvertures supposent un vaisseau assez considérable.

Il y a aussi une balustrade en pierre, qui a dû servir pour la tribune. Le style est celui adopté généralement dans l'ancienne Compagnie. La vieille porte, par où le peuple entrait, est encore dans l'état primitif. Sa vétusté en est une preuve. Combien nous avons été touchés en voyant le seuil profondément usé par le passage des foules! Il faut remarquer que presque personne, depuis de longues années, n'entre plus par cette porte, qui donne accès à un bûcher.

La piété qui nous avait amenés était satisfaite ; mais il nous restait, pour la fin, de goûter le plus grand des bonheurs. Tout en causant, le noble et digne possesseur nous parla d'anciens meubles d'église, qu'il avait dans son grenier. Nous étions prêts d'y monter aussitôt pour les voir. Les chercheurs, même pieux, sont parfois tentés d'être indiscrets. Mais une aimable et délicate intervention nous fit échapper à cette tentation, tout en satisfaisant notre curiosité. Les vieux meubles furent époussetés et descendus. Quelle ne fut pas notre admiration ! C'étaient des tabernacles antiques, dont l'un d'eux au moins, qui est de pur style renaissance (seizième ou dix-septième siècle), doit remonter, selon l'avis de tous les connaisseurs, à l'époque même du Vénérable. Il est encore garni d'une soie fine, de couleur jaunâtre, qui, hélas ! tombe en loques.

Mais quel trésor ! quelle relique ! si, comme nous sommes en train de le prouver, le P. de la Colombière a prié et célébré devant ce tabernacle ! s'il y a déposé « le Dieu de son cœur et le Cœur de son Dieu », selon le mot de saint François de Sales ! Quel doux échange de regards, de paroles et de sentiments a eu lieu là, entre le Cœur de Jésus et son ardent apôtre !

M. de Daron comprit notre enthousiasme, qui cependant se contenait. Il nous offrit avec une délicatesse parfaite les « vieux meubles », qui seront désormais, après le corps du Vénérable, les plus précieuses reliques que nous posséderons à la Maison la Colombière.

NOUVELLES RÉCENTES DE LA CAUSE DU VÉNÉRABLE P. DE LA COLOMBIÈRE

Le P. Charrier est revenu de Rome, où il avait porté, nous l'avons dit, les pièces du procès fait à Autun. Il nous a communiqué de bonnes nouvelles, qu'il promet de compléter plus tard. Voici le passage le plus intéressant de sa lettre :

« Quant à la cause, le Saint-Père m'a dit le 1ᵉʳ janvier : « Elle est en bonne voie... » Il avait dit précédemment : « Le « P. de la Colombière ! ah ! j'ai appris à l'aimer dès mon « enfance. » Tous ceux qui ont occasion de donner leur avis sur cette cause, l'avocat qui en est chargé, en première ligne, s'exclament en disant : « C'est une belle cause, une très « belle cause, une cause admirable ! »

On ne s'étonnera pas de la dévotion particulière que Léon XIII a conçue, dès son enfance, pour le P. de la Colombière, si l'on se rappelle que le futur pape fut élevé, dès son plus jeune âge, sous la direction des anciens Jésuites revenus de Russie, où leur Ordre avait été conservé providentiellement. Ces Pères avaient à la fois une grande dévotion au Sacré Cœur, à qui ils attribuaient la restauration de la Compagnie, et aussi une vénération profonde et intime pour le P. de la Colombière. Les témoignages abondent. C'est ainsi que le P. Rossignol, un ancien Jésuite de la province de Lyon, écrivait ce qui suit au commencement de notre siècle : « Le P. de la Colombière fut un des plus grands saints du dix-septième siècle. » Et le R. P. Roothaan, général de la Compagnie, déclarait « qu'il souhaitait pour son Institut plus de Pères de la Colombière que de saints Louis de Gonzague, par la raison que le premier était un modèle achevé de sainteté en tous les ministères de sa vocation. »

Que la cause rencontre tant de sympathie à Rome, cela confirme nos espérances. Cependant, tout n'ira pas aussi vite que nous le désirerions. Continuons donc à prier. La foi et la confiance augmentent avec les grâces que le Vénérable Père semble multiplier plus que jamais. Nous avons reçu des lettres de tous côtés, qui attestent la puissance de son intercession. C'est une pauvre mère qui a demandé de trouver un emploi pour son fils; elle cherchait depuis plusieurs mois sans succès : elle a été exaucée. C'est un malade épileptique, dont la guérison nous est annoncée comme certaine. Mais avant de publier ce récit, nous voulons nous assurer davantage du fait. On pourrait citer par centaines des traits semblables; cependant il faut se borner.

Revenons à dire que Notre-Seigneur semble vouloir réunir dans la même gloire les deux apôtres de son divin Cœur. Ils ont été longtemps honorés de la même manière par la piété des fidèles, comme le prouve cette circulaire envoyée par le monastère de la Visitation le 5 novembre 1765 :

« C'est par un trait de Providence, aussi impénétrable que singulier, que nous nous trouvons en possession des précieuses dépouilles du Vénérable P. de la Colombière, mort en odeur de sainteté dans le collège de cette ville, d'où il était sur le point de partir, lorsque notre Sœur Alacoque lui prédit sa mort prochaine. Ce précieux dépôt nous fut confié lors de la destruction de ce collège. Il repose dans notre sépulture intérieure, dans une châsse près de celle de notre Vénérable Sœur. C'est là que nous invoquons journellement ces deux grands amateurs du Cœur divin, pouvant bien nous écrier à la vue de ce spectacle : *O altitudo!...* Fasse le ciel que l'Église prononce un jour en leur faveur! » (Extr. d'un *procès verbal* de M*gr* Bouange, 3 juillet 1865.)

Ce vœu, déjà exaucé en partie, sera celui de tous les amis du Cœur de Jésus. Encore une fois, hâtons-en le parfait accomplissement par nos ferventes prières!

L'Annonciation, d'après André del Sarto
Marie est saluée nouvelle Ève par l'Ange Gabriel

Mai 1894.

LE CULTE DE LA SAINTE VIERGE A PARAY

PRÉPARE

LA DÉVOTION AU SACRÉ CŒUR

Le printemps est beau partout; il est splendide à Paray-le-Monial. Aux doux rayons du soleil d'avril, le « Val d'Or » — comme on appelait jadis cette contrée — s'est revêtu des plus brillantes parures. Déjà les grandes prairies arrosées par les méandres de la Bourbince reverdissent à l'envi, après les longs mois d'hiver et de sécheresse. Les peupliers élancés agitent leurs cimes touffues, parmi les clochers et les coupoles, tandis que les platanes séculaires de l'avenue de Charolles produisent leurs premières feuilles. Partout d'humbles fleurs s'épanouissent aux regards et répandent leurs plus délicieux parfums.

Ce réveil de la nature est ici le vrai symbole du réveil des âmes. Ils vont bientôt revenir, les pèlerins du Sacré Cœur! Tout nous fait espérer qu'en cette année 1894 ils seront nombreux et fervents, comme aux meilleurs jours. Ne serait-ce pas un des signes les moins équivoques de ce qu'on nomme aujourd'hui « l'esprit nouveau » ? — Après tout, ce ne peut être qu'un retour à « l'esprit ancien », qui s'appelait autrefois « le souffle de Dieu ». — La plus belle fleur de Paray, la B. Marguerite-Marie est sortie du tombeau de l'autel, qui est sa terre de repos. Depuis les fêtes de Pâques, sa châsse resplendit aux yeux, de l'éclat de l'or et de l'argent ; elle fait briller le feu de ses émaux et de ses pierreries. Aux murailles de la sainte chapelle sont de nouveau appendues les bannières des nations et des cités. Venez, pieux voyageurs, venez, foules attendries : tout est prêt pour vous recevoir, dans ce sanctuaire où le Cœur de Jésus s'est révélé !

Paray est une terre sacrée, une nouvelle Jérusalem. C'est la moderne cité de Dieu. Le Très-Haut l'a choisie et disposée, dès les âges antiques, pour être le théâtre des plus grands événements. Comme il est arrivé dans toute l'économie chrétienne, la Vierge Marie avait frayé les voies à Jésus, son divin Fils. C'est Notre-Dame qui a préparé les révélations et le règne du Sacré Cœur dans ce pays, dont elle fut la reine et la maîtresse durant de longs siècles. Par un juste retour des choses, voilà que l'on s'occupe de la glorification de Marie à Paray-le-Monial. Il y a en ce sens un véritable mouvement des esprits et des cœurs. On veut associer la Mère au triomphe du Fils. Il paraît à tous que l'équité le demande, pour rendre parfaites les harmonies providentielles. Après que la Sainte Vierge aura repris sa place de gloire, les apôtres de Paray, la B. Marguerite-Marie et le Vénérable P. de la Colombière pourront plus justement, semble-t-il, recevoir l'honneur suprême des autels, que nous leur désirons.

LE CULTE ANTIQUE DE LA SAINTE VIERGE A PARAY-LE-MONIAL.

Il fut un temps où le culte de la Mère de Dieu était, dans ce lieu, le centre de la dévotion chrétienne. Cela remonte à la plus haute antiquité. Les traditions locales iraient jusqu'à indiquer qu'il y avait ici, comme à Chartres, dès avant Jésus-Christ, un culte druidique à la « Vierge qui doit enfanter », *Virgini pariturae*. — C'est aussi la conclusion vers laquelle incline la science, après de récentes recherches très consciencieuses. On l'avouera, le fait serait curieux à constater. Pour notre part, nous applaudirons volontiers aux découvertes qui viendront plus tard confirmer cette opinion.

Quoi qu'il en soit, il est certain qu'au dixième siècle de notre ère, il existait à Paray « un temple très ancien » dédié à la Vierge Marie, « *templum antiquissimum*. » — D'après les chartes les plus authentiques de cette époque, que nous avons sous les yeux, saint Mayeul coopéra avec le comte Lambert à donner un nouvel élan à ce culte, en édifiant, à l'ombre du vénéré sanctuaire, le pieux monastère qui a donné son nom, ou plutôt son surnom, à Paray-le-Monial. L'illustre patriarche de Cluny mourut à l'approche de l'an mille, en 994. On se prépare en divers endroits à célébrer le neuvième centenaire de ce grand homme, qui défendit l'Église et la Papauté et soutint, presque à lui seul, la société civile et religieuse tombée dans la décadence et l'anarchie. Nul ne prépara mieux que lui « le renouveau, » qui marque le onzième siècle. Nous lui devons d'avoir, en un siècle de fer, fait fleurir le « Val d'Or » des plus pures vertus. La petite cité parodienne ne l'oubliera pas; elle s'associera, à juste titre, aux solennités annoncées. Puissent ces fêtes s'étendre à notre France entière, ou pour mieux dire, à tout l'univers chrétien! Ainsi seraient comblés bien des vœux, et un pieux devoir se trouverait accompli.

La ville de Paray resta la ville de la Sainte Vierge jusqu'aux manifestations du Sacré Cœur. Nous avons étudié les documents et nous venons de parcourir les rues en chercheur; à chaque pas, se rencontrent les souvenirs de la Mère de Dieu. L'ancienne église de paroisse, située sur la colline des Grenetières (cimetière actuel), était sous le vocable de Marie. Son culte dominait à la chapelle d'en bas, dont il reste un pignon rougi par le feu des incendies, dans la petite rue qui porte encore le nom béni de « Notre-Dame. » La plus récente succursale de Saint-Nicolas, où prêcha souvent le P. de la Colombière, avait aussi son autel principal consacré à la Vierge. Tout près de là, le curieux édifice, qui est l'hôtel de ville actuel, présentait au milieu de son frontispice, parmi cent autres statues et médaillons, une belle image de Marie, que les modernes iconoclastes ont odieusement mutilée. Un vieux dessin, que nous venons de découvrir, rétablit les choses dans l'état primitif: ce n'était rien moins qu'un hymne de pierre à la « bonne Dame » de Paray. Enfin, la magnifique église du Couvent bénédictin, qui est devenue la Basilique du Sacré Cœur, resta pendant plus de huit cents ans sous le glorieux titre de l'Assomption.

Ne regrettons pas ce dernier changement, non plus que tous les autres accomplis dans le même sens, puisqu'aussi bien c'est le rôle de Marie de conduire à Jésus : « *Per Mariam ad Jesum* ». Cependant, voici qu'en plein seizième siècle la future cité du Sacré Cœur est prise d'assaut et envahie par les bandes huguenotes. Qui la sauvera de cette contagion ?

Qui la délivrera de ces sectaires, qui joignaient au fanatisme antireligieux des révolutionnaires d'il y a cent ans, la fureur dévastatrice de nos modernes anarchistes. Est-ce que cette terre privilégiée ne remplira donc pas ses nobles destinées? N'ayez crainte! La Vierge défendra son domaine et poursuivra son œuvre.

Mais déjà le siècle s'est écoulé et le temps presse. La Mère de Dieu va appeler à Paray les auxiliaires choisis par la Providence. Ce sont d'abord les enfants d'Ignace de Loyola qui fut le chevalier du Christ et de Notre-Dame. Ils s'établissent ici en 1617. Quelques années plus tard, en 1626, arrivent les « saintes Maries, » comme on les désigne dans le langage de l'époque. On sait le reste. L'heure des sublimes révélations a sonné. De l'autel consacré à Marie sort une voix qui dit : « Voilà ce Cœur qui a tant aimé les hommes ! » Une Visitandine l'a entendue ; un Jésuite la reconnait et la fait entendre au monde. Dès ce jour, Paray-le-Monial sera la ville du Cœur de Jésus. L'hérésie est vaincue dans ces lieux ; les derniers protestants se convertissent vers 1681-1683, à la suite d'un miracle opéré, durant la messe, au sanctuaire de Notre-Dame de Romay.

NOTRE-DAME DE ROMAY

Quel est le pèlerin de Paray qui, en venant aux pieds du Sacré Cœur, n'a pas fait sa visite à la « bonne Notre-Dame » de Romay ? Il a sans doute été entraîné de ce côté par un secret instinct de l'âme, ou peut-être par le pieux exemple des fidèles. Vous allez voir la célèbre avenue de platanes, qui a abrité les foules, en 1873 et 1874, sous ses gigantesques arceaux de verdure. Tout en rêvant de ce passé et en priant pour le présent et l'avenir, vous avez laissé derrière vous les grands arbres.

Le « Val d'Or » s'est présenté à vos yeux, dans sa ravissante beauté, avec son horizon de montagnes bleuâtres et sa couronne de bois touffus, restes des vastes forêts antiques. Encore quelques pas et vous apercevez sur la droite, dans une déclivité du terrain, un humble et gracieux sanctuaire, entouré de trois ou quatre maisons. C'est Romay ! C'est le pèlerinage de Notre-Dame, le plus cher à tous les Parodiens. Les jours de dimanche et de fête, si la saison n'est pas trop défavorable, la majeure partie des habitants de la ville se dirigent de ce côté. On va s'agenouiller devant l'image vénérée de la bonne Mère ; on fait brûler un cierge en son honneur, pour se recommander à sa puissante protection.

Sanctuaire de N.-D. de Romay.

C'est que Notre-Dame de Romay inspire la plus grande confiance. Elle a été de temps immémorial la protectrice du pays et des familles. L'histoire, qui se confond parfois avec la légende, en raconte des merveilles admirables. Je ne sais si, dans le cœur du peuple, elle n'a pas gardé la première place, même après les divines révélations faites à la B. Marguerite-Marie. Nous avons voulu examiner la statue dépouillée de ses ornements, et la photographie en a fixé les divers aspects, pour servir à une étude plus approfondie.

Taillée dans un bloc de calcaire siliceux, la sainte image paraît être d'un travail très ancien. On en remarque particulièrement les couleurs vives, qui semblent défier l'action délétère des années et des éléments. Notre-Dame de Romay a été cachée plusieurs mois sous les eaux de la Bourbince, pendant la grande Révolution. Sa couronne comtale se trouve un peu ébréchée ; mais on y distingue encore, parmi les autres motifs, la fleur de lys. Le manteau est ample et traînant, avec des bordures ornées. Par un symbolisme parfait qui rappelle l'Éden, l'Enfant-Jésus présente à sa Mère une pomme, dont l'œillet est encore bien dessiné. C'est le nouvel Adam, qui offre le fruit de vie à la nouvelle Ève, devenue ainsi la véritable « Mère des vivants — *Mater viventium.* » Le Fils de la Vierge a racheté et sauvé la race humaine. MARIE sera à travers les siècles la dispensatrice de cette grâce. C'est pourquoi le Cœur de JÉSUS s'est servi de sa divine Mère pour se manifester au monde et réchauffer, « en ces derniers siècles, » les âmes tièdes et refroidies.

Notre Dame de Romay.

La Vierge de Romay justifie le titre de « Mère des vivants, » en ressuscitant des enfants morts sans baptême, afin qu'ils puissent participer aux bienfaits de la régénération. Rien de plus constant dans toute la contrée. On cite plusieurs faits arrivés de mémoire d'homme.

Le cas récent du fils d'un ouvrier de Paray est encore dans le souvenir de tous. On apporte les enfants morts-nés aussi bien de nuit que de jour. C'est un père empressé, ou une pieuse parente qui frappe à la porte de la chapelle. Le gardien lui ouvre. On dépose le petit être sur l'autel et on prie ardemment Marie. Il est regardé comme presque inouï que cette confiance ait été déçue. Combien dès lors les mères aiment Notre-Dame de Romay, chacun le concevra, qui a un cœur chrétien. Toutefois, ne demandez pas aux personnes du peuple si la Sainte Vierge « ressuscite » les nouveau-nés. Elles vous répondront carrément : Non ; mais, vous diront-elles, quant à des enfants morts, qui « bougent, » qui « remuent, » pour recevoir le baptême, il n'en manque pas. Ils sont censés ne pas « ressusciter », puisqu'ils meurent après. Les pauvres petits ! qu'ils sont heureux de vivre un instant, pour s'envoler tout droit au ciel.

Cependant Notre-Dame a conservé, en mainte occasion, la vie à ses fidèles clients. Parmi les autres exemples, la Mère de Chaugy rapporte, dans son récit de la fondation du monastère de la Visitation de Paray, comment dès les débuts, les religieuses étaient décimées en 1628, par la peste. Il s'agissait de l'avenir de la petite communauté. « La bonne Mère supérieure, ajoute l'historien, fit entre autres vœux celui de faire dire la messe à Notre-Dame de Romay et d'y offrir six cierges de cire blanche. Avec ces préservatifs, elle sauva toutes ses religieuses. » (*Histoire de la fondation de Paray*. — *Correspondance*, tome IV, page 472). — Mère des vivants, la Vierge de Romay le fut surtout dans la conversion des hérétiques. Aussi, les Pères de la Compagnie de Jésus, appelés ici dans ce but, se servirent-ils beaucoup de son intercession et de son secours. A diverses reprises, ils recueillirent chez eux l'image vénérée, qui multiplia les merveilles, et partant les retours à la vie de la grâce. Il faut dire que plusieurs fois la statue retourna d'elle-même dans le petit sanctuaire isolé, où elle a établi la demeure de son choix.

Laissons-la en cet endroit et portons-lui les hommages de notre piété filiale. Par une délicatesse admirable, Marie semble vouloir désormais que le Sacré Cœur règne seul en maître dans la ville de Paray. Mais encore une fois, ne serait-il pas juste que la Mère fût associée à la gloire du Fils, Notre-Dame de Romay au triomphe du Cœur de Jésus ? Une voix autorisée a donné aux fidèles Parodiens de précieuses espérances dans ce sens. Que Dieu veuille les bénir et les combler !

COOPÉRATION DE MARIE DANS LES RÉVÉLATIONS DU SACRÉ CŒUR

Il serait sans doute présomptueux de vouloir retracer, au complet, le rôle de la Sainte Vierge dans les manifestations du Cœur de Jésus. C'est le cas de dire avec le Sage : « Qui peut comprendre ses voies ? — *Vias illius quis intelliget ?* » (Eccli. XVI, 21.) Cependant il est incontestable qu'elle a concouru puissamment dans l'action providentielle qui a amené ce grand événement. Son honneur exige que cela soit proclamé bien haut. Nous avons vu l'humble cité de Paray disposée et préparée, par ses soins maternels, à travers les âges. Ce n'est pas tout. En lisant attentivement l'historique de la révélation, on reste persuadé que Marie y a été la grande coopératrice de Jésus. D'ailleurs, n'est-ce pas conforme à toute l'économie chrétienne ? Le contraire pourrait surprendre. Mais Dieu est constant dans sa conduite.

Tous les pas de la B. Marguerite-Marie sont marqués par des bienfaits signalés de la Mère de Dieu, qui la conduisit toujours comme par la main. Quand l'humble enfant de *Vérosvres* était désespérée des médecins, par suite d'une coxalgie douloureuse, ce fut la Sainte Vierge qui la guérit. « Les os, écrit-elle, me perçaient la peau de tous côtés..., et on ne put jamais trouver aucun remède à mes maux que de me vouer à la Sainte Vierge, lui promettant que, si elle me guérissait, je serais un jour une de ses filles. Je n'eus pas plutôt fait ce vœu que je reçus ma guérison, avec une nouvelle protection de la très Sainte Vierge, laquelle se rendit tellement maîtresse de mon cœur, qu'en me regardant comme sienne, elle me gouvernait comme lui étant dédiée, me reprenant de mes fautes et m'enseignant à faire la volonté de Dieu. » (*Vie de la Bienheureuse*, par elle-même, t. II, page 339). Ce fut encore Marie qui lui apprit à faire oraison « en quelque coin de jardin, ou d'étable, ou autre lieu secret » (page 341). Dans les luttes de sa vocation, elle fut soutenue par sa protectrice, « laquelle lui dit amoureusement, en la consolant : « Ne crains rien, tu seras ma vraie fille et je serai toujours ta bonne Mère » (page 362).

En effet, les portes de la Visitation se sont ouvertes; « et je ne savais, dit encore la Bienheureuse, rendre autre raison de ma vocation pour sainte Marie, sinon que je voulais être *fille de la Sainte Vierge* » (page 364). Désormais, le céleste Époux va mettre ses complaisances dans l'humble fille que lui a amenée sa divine Mère. Il prendra dans son cœur la première place. Ce n'est pas que Marie ait abandonné son enfant. Elle lui apparaît pour la consoler, au milieu de la voie douloureuse, où l'amour de Jésus a entraîné sa servante. « Prends courage, ma chère fille, car tu as encore un long et pénible chemin à faire, toujours dessus la croix, percée de clous et d'épines, et déchirée de fouets;

mais ne crains rien, je ne t'abandonnerai pas et te promets ma protection » (page 385).

Cependant les grandes visions ont eu lieu, et le Cœur de Jésus a ouvert au monde ses ineffables richesses ; mais qui fera connaître la nouvelle dévotion en dehors de l'enceinte du cloître? Il faut sans doute à cette révélation une Pentecôte. C'est la Vierge Marie qui distribuera, encore ici, les rôles. Écoutons le récit de cette manifestation, qui fut une des dernières et des principales.

« Ayant eu le bonheur de passer tout le jour de la Visitation devant le Très Saint-Sacrement, mon Souverain daigna bien gratifier sa chétive esclave de plusieurs grâces particulières. Il me fut, ce semble, représenté un lieu fort éminent, au centre duquel il y avait un trône de flammes, dans lequel était le Cœur de Jésus, avec sa plaie, laquelle jetait ses rayons si ardents et lumineux que tout ce lieu en était éclairé et réchauffé. La très Sainte Vierge était d'un côté, notre Père saint François de l'autre, avec le saint Père de la Colombière ; et les filles de la Visitation paraissaient dans ce lieu, leurs bons anges à leur côté... La sainte Vierge nous invitait par ces paroles maternelles : « Venez, mes filles « bien-aimées, approchez-vous, car je veux vous rendre dépo- « sitaires de ce précieux trésor, que le divin Soleil a formé « dans la terre vierge de mon cœur... » Et puis, se tournant vers le bon Père de la Colombière, cette Mère de bonté lui dit : « Et vous, fidèle serviteur de mon divin Fils, vous « avez grande part à ce précieux trésor ; car s'il est donné « aux filles de la Visitation de le faire connaître, aimer et dis- « tribuer aux autres, il est réservé aux Pères de la Compa- « gnie d'en faire voir et connaître l'utilité et la valeur... Et « à mesure qu'ils lui feront ce plaisir, ce divin Cœur, source

« féconde de bénédictions et de grâces, les versera si aban-
« damment sur les fonctions de leur ministère, qu'ils produi-
« ront des fruits au delà de leurs travaux et de leurs espé-
« rances. » (Lettre à la Mère de Saumaise. — *Vie et
Œuvres*, tome II, pages 203-205.)

En rapportant ce texte trop important pour que quelqu'un puisse l'ignorer, nous n'entendons point nous prévaloir d'une faveur qui nous oblige autant qu'elle nous honore. Mais on conçoit qu'il est doux aux frères du P. de la Colombière d'avoir été appelés authentiquement par Marie à cette œuvre de la glorification du Cœur de Jésus. Personne ne peut contredire cette vocation. D'ailleurs, nos anciens Pères de Paray, sans parler des autres, se sont efforcés de payer la Sainte Vierge de quelque retour. Ils unissaient son culte à celui du Sacré Cœur ; et nous avons retrouvé l'ancienne niche où ils vénéraient une pieuse statue de Marie qu'ils avaient d'abord confiée à la Visitation, avec le corps du P. Claude de la Colombière. Retirée ensuite, elle les aura sans doute suivis dans l'exil, et nous ne désespérons pas de la découvrir.

En attendant, les humbles successeurs s'efforcent de suivre les traces de leurs devanciers. Dieu les bénit, puisque, malgré tout, ils peuvent rendre ce témoignage à Marie et au divin Cœur que « leur ministère produit des fruits au delà de leurs travaux et de leurs espérances. » C'est ce que nous affirmait, avec son expérience de quarante ans de travaux apostoliques, un vaillant soldat du Christ, qui vient de tomber, sur la terre d'Algérie, les armes à la main. Le R. P. Plantaz, dont nous parlons, avait été supérieur de la résidence de Paray. Sa voix, désormais éteinte, y avait souvent exalté Jésus et la Vierge. Nous l'avons entendu nous répéter, parmi d'autres avis qu'il nous donnait à la veille de nos missions : « Surtout recommandez-vous au Sacré Cœur par Marie. C'est le grand moyen de réussir. »

Oui, c'est par Marie, chacun pourra le constater avec nous, que le Cœur de Jésus répand ses faveurs et ses grâces, et qu'il établit son règne dans les âmes. Suivons donc cette voie : *Per* Mariam *ad Cor* Jesu !

Juin 1894.

L'ORDRE MONASTIQUE DE CLUNY

PRÉCURSEUR PROVIDENTIEL

DES RÉVÉLATIONS DIVINES FAITES A PARAY-LE-MONIAL

Dieu n'improvise rien. Ses grandes œuvres sont préparées longtemps à l'avance par une sagesse admirable. En se déroulant, les siècles fournissent la chaîne, et la Providence y trace un dessin parfait. Heureux sont les hommes prédestinés qui ont été choisis pour faire entrer leur activité dans cette trame divine ! Après l'honneur insigne de travailler à la gloire du Seigneur, il ne peut y avoir de plus douce consolation que de contempler le plan dans son ensemble, et d'en saisir quelques détails. Si nous ne voyons à découvert, comme les anges et les saints, la splendeur de l'essence du Très-Haut, nous pouvons du moins admirer ses œuvres à loisir. Et qu'elles sont belles ! « *Quam mirabilia sunt opera Altissimi!* » (Eccli. XI, 4.)

A l'occasion du centenaire de saint Mayeul, qu'on peut appeler le vrai fondateur de Paray-le-Monial, il court sur la petite cité du Sacré Cœur un souffle d'investigation historique, qui nous étonne et nous entraine. Ce ne sont pas seulement les savants et les doctes, les prêtres et les religieux, ce sont aussi les fils du peuple, les agriculteurs et les artisans, qui entrent à l'envi dans ce mouvement de pieuses recherches. La chose ne s'est peut-être point vue ailleurs, dans de telles conditions. — Aussi bien, plus on pénètre, plus on fouille ce sol béni, et plus on y découvre l'empreinte du doigt de Dieu, qui l'a prédisposé à ses nobles destinées.

Paray est le Sinaï de l'Eucharistie. Mais cette montagne sainte, vers laquelle tous les peuples chrétiens ont le regard fixé, n'est point un amoncellement de pierres et de rochers. Elle est toute spirituelle. Des âmes pures et dévouées l'ont élevée au-dessus du monde, par un travail gigantesque, qui a duré près de mille ans et qui a vu passer plus de trente générations. — Au dixième siècle, une famille de moines fut d'abord suscitée pour commencer ce grand œuvre. C'était l'Ordre si célèbre de Cluny. Il a vivifié, il a pétri toute cette contrée; il lui a infusé sa merveilleuse dévotion envers Jésus-Hostie, le Dieu des tabernacles. Il a édifié Paray-le-Monial comme un sanctuaire. C'est là que le Sacré Cœur se manifestera et parlera.

A travers les neuf siècles qui nous séparent, ces moines nous tendent la main. Ils furent précurseurs et initiateurs providentiels. Leur action lointaine a préparé, nous le constaterons, les apôtres du Cœur de Jésus, et nos Œuvres modernes ne sont que les filles de leurs Œuvres. Ils figurent à la base; nous sommes arrivés aux assises supérieures, mais l'édifice est le même.

CENTENAIRE D'UN PRÉCURSEUR. — PARAY ET CLUNY

Que notre Paray actuel doive son existence à Cluny, rien ne semble plus certain. La preuve en est qu'il ne reste plus que des tombeaux autour de l'église primitive. Nous avons excité naguère quelque étonnement, en signalant la colline déserte du cimetière, comme le premier centre de l'antique bourgade. En établissant, vers 973, un couvent de son Ordre sur les bords de la Bourbince, le grand saint Mayeul a jeté dans le sol les fondements du Paray des moines, qui a pris pour cela le nom de *Paray-le-Monial*. Il n'y en a désormais pas d'autre : c'est celui des apparitions et des pèlerinages. — D'ailleurs, tandis qu'il bâtissait des murailles, l'illustre patriarche semait ici des germes de foi et de piété, qui préparèrent peu à peu l'essor de la dévotion au Sacré Cœur. Voilà pourquoi, en célébrant, le 11 mai, son neuvième centenaire, nous avons pu saluer en lui un précurseur. Il le fut en effet plus que tout autre, parce que son action a été plus initiale et plus profonde.

On sait ce qu'était l'Ordre bénédictin de Cluny. A une époque qui est regardée comme la plus triste de l'histoire ecclésiastique, il fut le sauveur du monde chrétien, dont les bases semblèrent un instant ébranlées. Un de nos savants a pu l'appeler à juste titre « le berceau de la civilisation moderne » (Viollet-le-Duc). Mais peut-être qu'on a un peu trop laissé dans l'ombre les influences intimes qu'il exerça sur les âmes. Le fait est que Cluny n'a pas seulement produit des Papes à jamais illustres, tels que Grégoire VII, Urbain II et Pascal II; il a aussi suscité toute une pléiade de pieux mystiques, tels que saint Odon, saint Mayeul, saint Odilon, saint

Hugues. Ses fondations si nombreuses étaient rattachées à la Maison-mère par un lien de subordination, qui fut le premier exemple de la hiérarchie monacale en Occident. Partout elles formaient des oasis de ferveur. Pierre le Vénérable, lui aussi, l'un des chefs de cette grande école de spiritualité,

L'ancienne Église (*Basilique actuelle*) et le monastère des Clunistes à Paray-le-Monial.

nous en a laissé un tableau magnifique qu'il termine ainsi : — « Toute la terre a été embaumée du parfum de vertu qui s'exhale de ce séjour bienheureux. La France, l'Allemagne et l'Angleterre, au delà de l'Océan, l'attestent hautement. Témoins aussi l'Espagne, l'Italie et toute l'Europe, qui est couverte des monastères que Cluny a fondés ou relevés de leurs ruines. Mais que dis-je ? De l'Occident jusqu'aux confins de l'Orient, le nom de Cluny est proclamé ; et il n'y a plus, dans l'univers chrétien, un coin de terre qui l'ignore. » (Pierre le Vén., *de Mirac.*, lib. I, cap. IX.)

Ce qui distinguait Cluny, c'était son culte particulier à la divine Eucharistie. Nous avons lu des choses admirables à ce sujet dans les « Coutumes » du Monastère. L'Ordre avait bâti à Jésus-Hostie des temples grandioses et d'un style remarquable, dont notre Basilique de Paray reste le plus beau spécimen. Là, toute la splendeur des cérémonies religieuses pouvait se développer aux yeux émerveillés des peuples, encore à demi barbares. Des psalmodies et des chants retentissaient jour et nuit dans le sanctuaire. Le saint sacrifice des autels et tout ce qui s'y rapporte étaient l'objet d'une vénération qui pourrait nous confondre. Qu'on en juge par ces détails. Les pieux moines choisissaient un à un les grains qui servaient à faire les hosties. Ils se revêtaient d'amicts et d'aubes pour moudre ce blé, en pétrir la farine et préparer les pains. Ajoutez encore la pompe des messes solennelles, la fréquence des communions ferventes et les pieux exercices d'expiation devant le Saint-Sacrement.

Hélas! l'abbaye de Cluny, où cette piété s'est épanouie d'abord, n'offre plus guère à la vue que les ruines de son ancienne gloire. Mais Paray a été fondé pour la remplacer et lui survivre. La fille va surpasser la mère. La dévotion du Sacré Cœur se greffera ici sur la dévotion à l'Eucharistie. Quand Dieu le voudra, ce progrès sera facile. En attendant, notre petite cité vécut heureuse « sous la crosse » des successeurs de saint Mayeul.

Pourquoi faut-il que les jours de la décadence arrivent pour un Ordre qui fut si fervent et si prospère? Cependant Paray-le-Monial se maintenait, malgré tout. Les abbés généraux commandataires de Cluny viennent y passer leurs loisirs et y exercer leur générosité. L'un deux, le Cardinal de Bouillon, s'occupe de l'embellissement de la ville. Nous lui devons en particulier les beaux platanes de l'avenue de Charolles. Dieu voulait donc se servir jusqu'au bout du même moyen et du même instrument, pour frayer les voies du Cœur de Jésus et favoriser ses desseins. C'est que Dieu est constant !

PARAY-LE-MONIAL ET SES APÔTRES. — INFLUENCES EUCHARISTIQUES

A travers les révolutions qui ont bouleversé le monde, Paray-le-Monial est resté la ville sainte de l'Eucharistie, avant d'être la cité du Sacré Cœur. La première action des Clunistes s'y est continuée, alors même qu'ils semblaient avoir perdu de leur influence prépondérante. Ils avaient établi des fondements solides, sur lesquels la Providence voulut encore, dans les siècles suivants, appuyer les travaux de ses nouveaux ouvriers. — Dès la fin du douzième siècle, un cistercien célèbre, qui fut général de son Ordre et légat d'Innocent III, Guy de Paray, né à l'ombre de la grande Basilique, employa son zèle à promouvoir le culte des peuples envers le Saint-Sacrement. Il établit deux usages qui se sont communiqués depuis à toute l'Église : « l'un est le signal que l'on donne à la messe, en sonnant une petite cloche, afin que les assistants se prosternent et adorent le Corps et le Sang de Jésus-Christ, au moment de l'élévation; l'autre usage est le signal que l'on donne pareillement pour avertir du culte qui est dû au Sacrement de l'autel dans les lieux où il passe, quand il est porté en viatique. » (*Légendaire d'Autun*, t. I, p. 315.)

Cet antique souvenir nous offre l'occasion de noter la mort

L'Allée de Platanes plantée par le Cardinal de Bouillon, abbé de Cluny, vers 1700.

et les obsèques du Cardinal Thomas, archevêque de Rouen, qui fut lui aussi un enfant de Paray. Il était ici, il y a quelques mois, encore plein de vie et de santé. Mais voilà qu'on annonce, cette fois pour certaine, la promotion de Mgr Perraud, évêque d'Autun, que tant de titres rattachent à notre ville. Nous nous réjouissons d'acclamer et de vénérer celui qu'on appellera sans doute le « Cardinal du Sacré Cœur » (1).

Mais il reste à signaler de merveilleuses harmonies dans le plan divin qui nous occupe. L'a-t-on remarqué jusqu'ici ? je ne sais : les premiers apôtres du Cœur de Jésus ont été élevés sous les influences de Cluny. — C'est ainsi que Vérosvres, la patrie de la Bienheureuse, dépendait au spirituel de la célèbre abbaye. (Voir *Courtépée*, III, p. 73.) Dès sa naissance, Marguerite-Marie respira une atmosphère embaumée par le parfum des saintes traditions. Elle puisa, dans la vieille église de son village, cette ardente dévotion envers l'Eucharistie qui fut la passion de sa vie tout entière. « N'étant âgée que de quatre ans, elle sentait un si grand attrait d'être à l'église, que, loin de s'y ennuyer, elle n'avait aucun plaisir en la vie égal à celui d'y demeurer longtemps. » (*Vie et Œuvres*, I, p. 34.) Elle a écrit elle-même, en parlant du temps de sa jeunesse : « J'y aurais passé des jours et des nuits entières, sans boire ni manger, et sans savoir ce que je faisais, sinon de me consommer en sa présence, comme un cierge ardent, pour lui rendre amour pour amour. » (*Vie par elle-même*, II, p. 316.) La future voyante du Sacré Cœur ne se reconnaît-elle pas déjà dans cette dé-

(1) En effet, Mgr Perraud avait reçu de Rome *le billet* qui lui annonçait sa future promotion. « La semaine religieuse d'Autun » publia la bonne nouvelle, avant qu'elle ait été proclamée *officiellement*. Un gouvernement ombrageux en prit prétexte pour rompre les négociations, qui allaient enfin aboutir. — Au moment de publier ces pages, nous apprenons l'élévation définitive de l'éminent Évêque, à la dignité de Cardinal, 12 nov. 1895.

vote adoratrice du Saint-Sacrement? Et sa grande ferveur ne fit qu'augmenter.

Le P. Claude de la Colombière est également fils spirituel de Cluny, puisque l'église de Saint-Symphorien d'Ozon, où il a été baptisé et où il a prié si souvent, était un prieuré de l'Ordre. A Paray, notre Vénérable fut en excellentes relations avec les religieux, qui l'employèrent à régler certain petit différend survenu entre eux. Il fut aussi chargé, en qualité de prédicateur ordinaire (*concionator*), « de prêcher les dimanches de l'Avent et du Carême, et les fêtes de la Vierge, dans l'église des Bénédictins. » Le récent ouvrage du P. Charrier, que nous serons heureux désormais de citer, renferme une foule de détails dans ce genre, qui sont fort intéressants. Nous avons remarqué avec plaisir qu'il met en pleine lumière l'action exercée par le P. de la Colombière pour lutter contre les jansénistes, ces ennemis cachés et hypocrites de l'Eucharistie. (Cf. *Histoire du Vén. P. de la Colombière*, liv. I, ch. III.) En définitive, ce fut à Paray que cette funeste hérésie reçut le coup mortel, quand l'Hôte de nos tabernacles rompit son silence séculaire, pour dire et faire proclamer qu'il n'était pas le DIEU dur et inexorable des sectaires, mais plutôt le DIEU bon et compatissant, qui s'appelle si bien le Cœur de Jésus.

On annonce qu'un des prochains Congrès eucharistiques tiendra ses solennelles assises dans nos murs. C'est une bonne nouvelle, que nous voudrions voir se confirmer. Il était impossible de mieux choisir. Après l'inoubliable assemblée de Jérusalem, la réunion de Paray emprunterait aux circonstances un caractère de grandeur incomparable. N'est-ce pas ici la cité sainte des temps modernes ?... C'est ici que le Sacré Cœur a demandé réparation pour le Saint-Sacrement; c'est ici qu'ont été édictées des promesses si consolantes pour ceux qui communient; c'est ici qu'a été donnée l'espérance que Jésus-Christ règnera, malgré Satan... Oh! combien seraient lumineux et attrayants tous ces points de vue! Combien fructueux et féconds pourraient être les travaux de ce Congrès! Ajoutons que Paray-le-Monial possède des richesses eucharistiques, qu'on ne trouve nulle part ailleurs. Si Dieu le veut, nous reviendrons bientôt sur ce sujet.

Juillet 1894.

FÊTE DU SACRÉ-COEUR DE JÉSUS

AUTREFOIS ET AUJOURD'HUI

ESPRIT DE RÉPARATION EUCHARISTIQUE

Il y a deux cent dix-neuf ans que, comme un nouveau Sinaï, la chapelle de la Visitation de Paray s'éclaira d'une vision divine à jamais mémorable. C'était pendant l'Octave de la Fête-Dieu. Jésus-Hostie exposé sur l'autel fit entendre sa voix à la B. Marguerite-Marie : « Je te demande, lui dit-il, que le premier Vendredi d'après l'Octave du Saint-Sacrement soit dédié à une fête particulière pour honorer mon Cœur, en communiant ce jour-là, et en lui faisant réparation d'honneur par une *amende honorable*, pour réparer les indignités qu'il a reçues pendant qu'il a été exposé sur les autels. Je te promets aussi que mon Cœur se dilatera, pour répandre avec abondance les influences de son divin Amour sur ceux qui lui rendront cet honneur et qui procureront qu'il lui soit rendu. » L'humble religieuse objectait son « incapacité » et son « indignité » pour accomplir un si grand dessein. Mais la voix reprit : « Adresse-toi à mon serviteur, le Père de la

Colombière, Jésuite, et dis-lui de ma part de faire son possible pour établir cette dévotion et donner ce plaisir à mon divin Cœur. » (*Vie et Œuvres*, t. I, p. 124).

Depuis ce temps, les échos de Paray-le-Monial se sont répercutés dans le monde entier. La dévotion au Sacré Cœur, d'abord combattue ou du moins acceptée avec défiance par un grand nombre, est devenue « un caractère distinctif de l'Église, l'arche de son salut, le gage de son futur triomphe et le gage de toutes nos espérances dans un avenir meilleur. » (*Léon XIII*. Audience du 11 octobre 1893.) Les apôtres ont succédé aux apôtres pour annoncer partout la bonne nouvelle et porter le feu sacré. Dieu les a multipliés à l'infini parmi les pontifes, les prêtres et les laïques de tout ordre et de tout rang. Une fête a été établie, qui est de plus en plus populaire, et qu'on devrait choisir comme la fête internationale de la paix et de la concorde universelle. Le Christ, Maître et Seigneur des nations, n'est-il pas le seul roi des cœurs, qui puisse les unir efficacement par les liens de la charité divine? La lutte des peuples et des classes ne s'apaisera qu'aux pieds de Celui qui est à la fois Justice et Amour. Lui seul peut rendre leurs « droits » aux opprimés et apprendre leurs « devoirs » aux oppresseurs. Que le Cœur de Jésus règne, et l'on verra cette ère désirée par tous.

Au jour de la solennité du Sacré Cœur, il semblerait que ce beau rêve est presque accompli à Paray-le-Monial. Pour la petite ville, c'est la fête des fêtes. Nous avons eu cette illusion que c'était un dimanche, et mieux qu'un dimanche. Dans les rues, les inconnus et les étrangers se rencontrent et s'aiment aussitôt; les paysans aux costumes simples et variés se mêlent aux citadins plus riches ou plus luxueux. Et pourquoi pas? Tous n'ont qu'une âme et qu'une pensée, comme ils n'ont qu'un Dieu et qu'un Sauveur. Quoique les grandes foules d'autrefois ne soient pas revenues encore, les pèlerins fervents remplissent les sanctuaires pour adorer et prier, pour demander pardon et faire réparation à Jésus-Hostie, exposé sur les autels. L'expiation est restée l'idée principale, je dirais le caractère dominant de cette fête, qui répond ainsi aux besoins intimes de l'humanité pécheresse, autant qu'aux désirs du Cœur blessé de notre divin Maître.

VEILLE DE LA FÊTE. — LA MADONE DU CŒUR DE JÉSUS. — PÈLERINAGE DE MOULINS

Il se trouvait que cette année la veille de la Fête du Sacré Cœur coïncidait avec la clôture du mois de Marie. Cette circonstance a été l'occasion d'aller une fois de plus à Jésus par Marie. C'est la voie ordinaire et la loi providentielle. Nous avons établi (nos lecteurs s'en souviennent) que Paray a été la ville de la Sainte Vierge, avant d'être la cité du Sacré Cœur. Pendant de longs siècles, la Mère a préparé le trône de son Fils; puis elle s'est retirée dans son sanctuaire béni de Romay, pour être encore et toujours la vraie introductrice des âmes, auprès du Roi de gloire. Nous voudrions qu'on n'oubliât pas cette « prérogative, » et que tous les pèlerins fissent leur petite visite à l'antique Madone, avant de se présenter au Cœur de Jésus. Rien n'est plus facile. Que l'on dépasse de quelques centaines de pas l'allée des grands arbres, où les pieuses multitudes se sont abritées en 1873-75, et l'on sera près de l'humble chapelle dédiée à Marie. Personne ne regrettera ce détour, qui est le plus sûr chemin pour arriver jusqu'à Notre-Seigneur. C'est le cas d'appliquer ici les paroles du psaume : « Elles seront conduites au Christ-Roi, après elle et par elle, les âmes pures; elles viendront, les âmes qui ressemblent à Marie. Elles seront entraînées dans la joie et l'exaltation ; elles entreront ainsi dans le temple du divin Roi! » (Ps. XLIV, 15.)

Voici que de nobles exemples nous indiquent cette voie. Mgr Perraud, évêque d'Autun, que son insigne dévotion ramène chaque année aux fêtes du Sacré Cœur, a bien voulu célébrer la messe à Romay, le dernier jour de mai. De pieux Parodiens étaient accourus sur les traces de leur premier Pasteur. Ils remplissaient le petit sanctuaire. Il y avait là des vieillards, qui restent les témoins des traditions antiques et des merveilles opérées par Marie; il y avait aussi des mères au cœur tendre, dont la confiance est absolue en celle qui s'appelle la Mère des vivants. La cérémonie a été toute modeste et toute intime. Notre-Dame de Romay, qu'on pourrait à juste titre invoquer sous le nom de Madone du Cœur de Jésus, a dû jeter un regard de particulière bienveillance sur cette assemblée. Elle aura consolé et réjoui le digne Pontife, dont le monde catholique admire la haute piété autant que la grandeur d'âme. Nous avons su qu'il avait décliné l'honneur d'être cardinal à Rome, où l'invitait la faveur de Léon XIII; pour rester l'évêque du Sacré Cœur. Mais l'indélicatesse, sinon l'injustice, ne régnera pas toujours en France, et ce qui est différé n'est pas perdu. S'ils ne le disent, tous le pensent ; et nous l'espérons bien.

Le pèlerinage de Moulins, qui comptait de treize cents à quatorze cents personnes, est aussi venu à la veille de la fête, avec son vaillant et sympathique évêque, Mgr Dubourg. Ce fut déjà l'an dernier le groupe le plus considérable que

L'intérieur de la Chapelle de N.-D. de Romay.
Madone du Cœur de Jésus.

nous ayons vu. On a remarqué l'empressement de cette bonne population à s'approcher du sacrement de Pénitence. Les prêtres, si nombreux à Paray, y suffisaient à peine. Il s'est produit, dans nos sanctuaires, des témoignages précieux d'un réveil de foi et d'un certain besoin d'expiation. Notre chapelle du Vénérable de la Colombière ne désemplissait pas ; et plusieurs, en se prosternant devant le tombeau, baisaient la terre et priaient les bras en croix. Jusqu'ici, c'était spectacle rare à Paray, même dans l'auguste sanctuaire des Apparitions. — Quoiqu'il n'y ait pas eu de procession générale à Romay, ce qu'il serait si beau de voir, un grand nombre de pèlerins bourbonnais et autres sont allés faire leur visite à la bonne Vierge. Les âmes sont attirées de ce côté-là ; et un mouvement s'accentue dans ce sens. Puisse-t-il se continuer ! Il a été question, dans ces derniers temps, de solliciter une faveur spéciale du Saint-Siège, qui viendrait encourager le culte à la Madone, laquelle a préparé visiblement la dévotion au Cœur de Jésus. Certes cela répondrait au vœu le plus cher des peuples, et aussi, semble-t-il, aux desseins de la divine Providence, à Paray-le-Monial.

LE JOUR DE LA SOLENNITÉ DU SACRÉ CŒUR. — ESPRIT DE RÉPARATION A JÉSUS-HOSTIE

Nous sommes loin des humbles débuts de la dévotion au Cœur de Jésus, qui avait commencé au monastère de la Visitation par le culte d'une « petite image de papier crayonnée avec une plume. » — « La sainte Maîtresse, Marguerite-Marie, voulait que les novices se la donnassent tour à tour pour entretenir la ferveur parmi elles. On la portait tout le jour sur son cœur, comme un bouquet, et celle qui l'avait prenait soin de bien caresser ce divin Cœur et de faire quantité d'actes de vertu en son honneur, selon que sa ferveur lui inspirait. Le jour se terminait par une amende honorable et les litanies,

Premier culte rendu au Sacré Cœur, d'après un tableau conservé à la Visitation de Paray.

pour demander l'augmentation de cette dévotion dans tous les cœurs. » (*Contemp.* I, 272.) La première fête du Sacré Cœur eut lieu le 21 juin 1686, vendredi dans l'Octave du Saint-Sacrement. Rien de plus simple et de plus primitif, comme aussi rien de plus naïf que le récit des « Contemporaines » sur ce sujet. « Le jour destiné à honorer ce divin Cœur, la Sœur des Escures ne manqua pas de porter une chaise, où elle mit un tapis fort propre, sur quoi elle posa cette petite miniature, qui était dans un cadre doré, qu'elle orna de fleurs. Elle la mit ainsi devant la grille avec un billet de sa main, pour inviter toutes les épouses de Jésus-Christ à venir rendre hommage à son cœur adorable. » (*Contemp.*, I, 269.)

Aujourd'hui la solennité du Sacré Cœur se fait avec toutes les pompes de l'Église, sous le rite de première classe. Mais elle a conservé le premier caractère qui lui est essentiel. L'esprit de réparation la domine. C'est un Dieu, le cœur d'un Dieu qui demande du fond de son tabernacle qu'on le console dans son ineffable douleur. Il se plaint d'avoir aimé jusqu'à l'excès et de n'être pas aimé. « Il n'a rien épargné, jusqu'à s'épuiser et se consommer pour témoigner aux hommes son amour; et pour reconnaissance il ne reçoit de la plupart que des ingratitudes, par leurs irrévérences et leurs sacrilèges, et par les froideurs et les mépris qu'ils ont pour lui dans ce sacrement d'amour. » (*Révélat. à la Bienheureuse*, II, 414.) Oh! qui pourrait avoir une âme de chrétien et rester insensible à ces accents déchirants? Le malheureux mortel qui parlerait ainsi inspirerait la plus vive compassion. Mais c'est notre Dieu, c'est notre Jésus qui a fait entendre ces plaintes dans ce sanctuaire, à cet endroit même où nous voyons encore resplendir l'Hostie sainte. Dès le matin, la chapelle vénérée était trop petite pour contenir les fidèles avides de consoler le cœur de Jésus « en communiant ce jour-là. » Nous avons entendu, à travers les grilles, de douces voix, qui répétaient: Ayez pitié de nous! C'étaient encore les Sœurs de Marguerite-Marie, qui récitaient les mêmes litanies d'autrefois. — Le pieux Évêque d'Autun a célébré la sainte messe, entouré d'une couronne de nobles et vaillants chrétiens, presque tous propriétaires, ou chefs d'usine, qui terminaient aussi, par une fervente communion, la retraite qu'ils venaient de faire sous les auspices du Vénérable P. de la Colombière. Ils étaient vingt; mais pourquoi n'y en avait-il pas cent, et mille, et davantage encore? En France, et dans tout l'univers, il y a décidément trop d'hommes qui oublient leur Dieu et qui le paient d'ingratitude.

Cette pensée a été développée, le soir de la fête, par Mgr Perraud, avec un cœur débordant d'onction et de piété. S'inspirant d'un cri de la grande âme de saint Paul, il appliqua avec un à-propos admirable les paroles de l'Apôtre au Cœur de Jésus. En écrivant aux Corinthiens, Paul disait : « Pour moi, je sacrifierai tout volontiers, et je me sacrifierai moi-même pour vos âmes, quoique tout en vous aimant davantage, je sois moins aimé. Mais soit! » (II Cor. XII, 15.) Le cœur de Paul a souffert, il s'est donné, il s'est dépensé : on l'a payé d'ingratitude... Eh bien, soit; il y consent : « *Sed esto !* » Les âmes valent toutes ces amertumes... Selon la belle pensée de saint Jean Chrysostome, « le cœur de de Paul était le cœur du Christ, » « *cor Pauli, cor Christi.* » Ou plutôt le cœur de Jésus a infiniment plus souffert qu'aucun cœur humain. Il l'a dit à cette place même. Il a tout sacrifié et il s'est sacrifié lui-même. Il a aimé et il aimera, quoiqu'on ne l'aime pas, malgré qu'on l'outrage... Oh! pourrions-nous ne pas consoler son immense douleur ?... ne pas répondre à sa dilection incomparable ?... ne pas entrer dans l'esprit de réparation envers l'Hostie ?... »

Ces éloquentes paroles, que nous analysons imparfaitement, auront excité bien des sentiments généreux à l'égard du divin Affligé. L'Évêque du Sacré Cœur n'a jamais été plus émouvant, ni plus attendri. Quoiqu'il se soit oublié, il aurait pu dire, lui aussi : « *Impendam et superimpendar.* » Il n'a pas compté les sacrifices de son dévouement à l'Église et à la France. C'est lui qui s'est fait le porte-voix autorisé de l'illustre Léon XIII dans les circonstances les plus délicates. Il a été avant tout pour le Pape, c'est-à-dire pour le Christ, dont le Pape est le Vicaire. C'est lui qui a pressé, nous l'avons su, la déclaration de la vénérabilité de Jeanne d'Arc, l'héroïne patriote que les Loges allaient nous *ravir*. C'est lui qui, dans les Académies, a contribué à renverser cette idole du Dagon moderne, qui se nommait Renan. Il a sacrifié dernièrement l'honneur de la pourpre romaine, pour être aux côtés de son digne métropolitain, Mgr C..ullié, persécuté pour la justice. Pour tous ces bienfaits, il subir un instant la colère des sectes maçonniques. Mais tous les vrais catholiques et les vrais Français l'applaudissent. Il a autant que personne, en maintes occasions, consolé le Cœur de Jésus.

PÈLERINAGES. — NOTRE TRIDUUM A PARAY. — AMENDE HONORABLE AU SACRÉ CŒUR

Puisqu'il a été si bien inauguré, le mois du Sacré Cœur ne peut que se continuer dans la ferveur. Les pèlerins sont venus, et ils viendront isolément, ou par groupes compacts, au lieu le plus saint de la terre après Jérusalem. En leur faveur « le Cœur de Jésus se dilatera pour répandre avec abondance les influences de son divin amour. » Une élite de jeunes gens, qui se préparent sur la colline de Notre-Dame de Fourvière aux grandes et nobles carrières, viendront des premiers à Paray offrir leurs vœux et leurs espérances au Sacré Cœur. Ils sont conduits à Jésus par Marie. Ah ! puissent-ils consacrer irrévocablement, au Dieu qui les a tant aimés, leurs talents et leurs forces ! Il serait bien temps que notre jeunesse catholique comprit le beau rôle qui lui revient : remettre Jésus-Christ à la première place dans notre chère France! Le collège Saint-Michel tout entier (Saint-Étienne), soit trois cents enfants ou adolescents, avec leurs maîtres dévoués, suivront bientôt après. Ceux-là aussi seront des réparateurs, nous l'espérons. En attendant, ils auront fortifié leurs tendres âmes au contact vivifiant de Jésus-Hostie ; ils auront édifié les nôtres par le spectacle de leur douce et tendre piété.

Comme clôture du mois consacré au Cœur de Notre-Seigneur, nous sommes heureux d'annoncer un *Triduum* solennel pour les *Noces d'or* de l'*Apostolat de la Prière* et pour le quarantième anniversaire *de la Communion réparatrice*. Ces deux Œuvres se rattachent à Paray par des liens étroits. Elles ont ici leur vraie source d'origine ; et c'est en s'unissant plus intimement à la moderne cité eucharistique qu'elles ont acquis leur incontestable splendeur. Voilà pour quoi il serait désirable que ce *Triduum* eût tout l'éclat possible. Les exercices auront lieu les 30 juin, 1er et 2 juillet. On sait que le mois du Sacré Cœur se continue à Paray jusqu'à la fête de la Visitation. Il y aura, chaque matin, messe et instruction à sept heures, dans la belle église du Cénacle, qui sert à nos réunions mensuelles de la Communion réparatrice. Tous les soirs, à cinq heures, sermon et salut solennel, dans la chapelle des Apparitions, dont les murailles vibrent encore des accents enflammés du divin Maître. Le prédicateur sera le R. P. Gaudeau, S. J., que son talent distingué et sa piété ardente recommandent à tous ceux qui aiment le bon et le beau langage.

Pendant ce *Triduum*, nous devons remercier le Sacré Cœur de s'être révélé à Paray-le-Monial. Quelle grâce pour les âmes et pour le monde chrétien! On ne peut l'oublier. Il faudra aussi témoigner notre vive reconnaissance des nombreuses bénédictions accordées à nos Œuvres dans le passé, et solliciter encore « les influences du divin Amour » pour l'avenir. Nous aurons enfin à nous réjouir du bien accompli, et à pleurer sur le mal qui reste à expier. Hélas! ce mal est grand et semble augmenter tous les jours. Voilà que, dans ces derniers mois, il est arrivé jusqu'ici des bruits d'enfer qui ont dû affliger profondément le Cœur de Jésus. Ce sont les blasphèmes de la presse impie, qui redoublent de fureur; ce sont ces sacrilèges affreux, commis comme de concert, par une jeunesse athée; ce sont ces mystères sataniques de profanation haineuse perpétrés dans les Loges...

Oh! ne ferons-nous rien pour consoler notre Jésus? Ne lui dirons-nous pas le mot du cœur qui va au cœur? Il le faut! C'est pourquoi, à l'occasion de notre *Triduum*, en ce mois de juillet consacré à honorer le précieux sang de Notre-Seigneur, nous invitons tous nos Associés à multiplier leurs Communions réparatrices, particulièrement celles du premier Vendredi, auxquelles sont attachées de si consolantes promesses. Mais nous voudrions aussi qu'après chacune de ces communions on récitât quelque amende honorable dans le sens de celle qui suit [1]. Pour répondre à de pieux désirs, cet usage a été introduit dans nos réunions de Paray; et nous serions heureux qu'il fût suivi partout, en public ou en particulier.

1. On peut se procurer cette formule : Maison la Colombière, à Paray-le-Monial. *Le cent :* 1 fr. 50; *le mille :* 10 fr.

Amende honorable au Sacré Cœur de JÉSUS

POUR LA COMMUNION RÉPARATRICE

O bon Jésus ! quels n'ont pas été les desseins admirables de votre amour pour nous, dans l'institution de la sainte Eucharistie ! Vous prévoyiez dès lors les outrages et les irrévérences qui devaient être le seul retour de tant de chrétiens pour cet immense bienfait ; et cependant votre miséricorde, plus grande que notre malice, consentit à s'y exposer afin de nous servir de soutien, d'asile et de consolation pendant cette vie. O Cœur de Jésus ! quelle reconnaissance ne deviez-vous pas attendre, du moins de la part de ceux que vous favorisez de vos grâces de choix ! Mais l'écho de vos plaintes à la vierge de Paray-le-Monial est venu jusqu'à nous ; il nous a révélé vos amertumes et vos tristesses : vous aimez et vous n'êtes pas aimé ! Il nous a redit encore : « *Toi, du moins, supplée à leur ingratitude autant que tu le pourras.* »

Animés donc de la plus vive compassion, en union avec MARIE, votre Mère, qui fut la plus sainte des réparatrices, de concert avec les apôtres de votre Sacré Cœur et toutes les âmes qui vous ont le plus tendrement aimé, nous venons vous faire amende honorable et vous demander pardon : pour tant d'hérétiques qui vous outragent, pour tant de mauvais chrétiens, qui ne répondent que par les irrévérences et les sacrilèges à votre ineffable amour pour eux dans le Saint-Sacrement. Pardon ! pour tous ceux qui n'accomplissent pas, ou qui accomplissent mal leur devoir pascal ! Pardon ! pour ceux qui violent le saint jour du dimanche ! Pardon ! pour tous les blasphèmes de parole et de plume qui se commettent dans le monde entier ! Pardon surtout, ô Seigneur, pour ces sectaires pleins de haine, qui s'acharnent contre votre Corps sacré, dans d'abominables mystères ! Anéantissez leurs complots par votre puissance, convertissez-les par votre bonté, et ne permettez pas que notre chère patrie porte la peine de tant de forfaits. Pardon aussi pour mes fautes et mes péchés, dont je me repens sincèrement !

Combien je voudrais effacer de mes larmes et laver de mon sang la trace de tant d'injures! Je désire du moins que les cœurs qui vous sont dévoués redoublent d'amour pour vous, en vous recevant dignement dans la sainte Eucharistie. Donnez-moi les dispositions nécessaires pour vous faire une véritable réparation, et conservez-moi, pendant ce jour et toute ma vie, un esprit pénitent et un cœur mortifié. Augmentez, ô mon Jésus, le nombre des âmes réparatrices, et faites qu'après avoir aimé et consolé votre Cœur sacré sur la terre, nous soyons rendus participants de vos délices dans l'éternité. Ainsi soit-il !

Miséricorde divine incarnée dans le Cœur sacré de Jésus, couvrez le monde, répandez-vous sur nous! (100 jours d'indulgence pour les Associés de la *Communion réparatrice*.)

Août 1891.

NOMBREUX PÈLERINAGES COLLECTIFS

ET

TRIDUUM JUBILAIRE DE NOS ŒUVRES

Paray était dans tout son éclat, durant le beau mois de juin. C'est le mois du Sacré Cœur ; et, nulle part dans le monde, tant de souvenirs ne se réveillent en cette occasion. La fête a duré trente jours, ou plutôt un pieux usage consacré par la dévotion des fidèles fait étendre ce cycle jusqu'à la Visitation de Notre-Dame, 2 juillet. Pendant tout ce temps, la petite ville s'anime, ses rues sont sillonnées par les pèlerins, ses sanctuaires se remplissent. Il semble qu'elle devient le rendez-vous de toutes les âmes dévouées au Cœur de Jésus.

Ce n'est pas que les grandes foules soient revenues. Mais quel bonheur ! Quelle consolation pour tous ceux que l'esprit de foi attire dans la cité sainte ! Ils ne peuvent le redire assez. Nous les avons entendus se plaindre que les heures et les journées passaient trop vite. Quand on a franchi la porte de la chapelle des Apparitions, on se trouve saisi, transporté dans une atmosphère élevée et surnaturelle, qui fait oublier le monde et ses vains bruits. C'est une sorte de Thabor, que l'on quitte avec peine, en répétant la parole de l'Apôtre : « *Bonum est nos hic esse!* — Oh! que nous étions bien ici ! » (Matth. XVII, 4.)

Il y a eu cette année des manifestations particulières, sur lesquelles nous voulons attirer l'attention de nos lecteurs. Elles les intéresseront sans aucun doute, puisqu'elles se rapportent à ce qui leur est cher. De loin, ils auront ainsi leur petite part de nos fêtes. Nombreuses, — nous l'avons su, — sont les âmes qui, durant ce mois, ont regardé et soupiré vers Paray. Elles n'ont pu y venir ; mais elles se sont unies à nous d'esprit et de cœur. Il est bien juste de les édifier, par le récit de ce que nous avons vu ou entendu.

LES PÈLERINAGES. — TRAITS CARACTÉRISTIQUES

Les pèlerinages se succèdent et se ressemblent beaucoup. Dès lors, un observateur habituel ne peut guère signaler que les traits saillants et caractéristiques. C'est notre cas.

On est venu à Paray de divers points de la France. Je ne sais pourquoi les pays étrangers n'envoient plus leurs délégations, comme il est arrivé durant les belles années de 1873 à 1877. Il appartiendrait à qui de droit de réveiller ce mouvement si consolant, puisqu'après tout la ville du Sacré Cœur reste à l'univers catholique, tandis que Montmartre peut symboliser les espérances particulières de la patrie française. Les révélations et les promesses, que le Cœur de Jésus a faites ici, intéressent tous les vrais chrétiens. Qu'on ne l'oublie donc pas !

Nos grandes villes de France, toujours fidèles, ont envoyé leurs représentants. Après Moulins, ce fut, par ordre de date, Saint-Étienne, Lyon, Paris, Lons-le-Saulnier, Châlon et Mâcon, Nîmes et Arles, etc. Puis vinrent les centres ouvriers de la région : Montceau-les-Mines, Digoin, Gueugnon, Le Creusot...

Pèlerinage d'Arles et de Nîmes.

Il est à remarquer qu'à quelques nobles exceptions près la majeure partie des pèlerins de Paray appartiennent à la classe populaire. Nous sommes loin de nous en plaindre, d'autant que la dévotion au Sacré Cœur, reçue et propagée d'abord parmi les élites, semblait avoir quelque peine à pénétrer dans les masses. Désormais, on voit des hommes en blouse, paysans et ouvriers étaler sur leurs poitrines les emblèmes du Cœur de Jésus. Vive Dieu ! Il n'est donc pas vrai que nous soyons un peuple perdu, puisque la loi évangélique s'accomplit encore au milieu de nous : « *Pauperes evangelizantur.* » (Luc. VII, 22.)

Ces éléments apportent une ferveur nouvelle, qui se manifeste tout au moins avec plus d'expansion. Il est juste aussi de dire que les nombreux groupes, qui sont venus, représentaient d'ordinaire des Œuvres chrétiennes, où la piété domine, telles que : Congrégations, Cercles, Tiers-Ordres, Pensionnats, séries de la Communion réparatrice... Notre époque se distingue par l'esprit d'association. C'est pourquoi le mouvement qui conduit ces groupes vers le Sacré Cœur est de bon augure pour l'avenir. N'avons-nous pas, dans ce symbole de l'Amour divin, le signe authentique du ralliement suprême de ceux qui devront, « dans les derniers siècles, » former la cité de Dieu?

Autre caractéristique, qu'il est bien doux de noter : nos pèlerins se sont portés en grand nombre à Notre-Dame de Romay. Les enfants ou jeunes gens des collèges de Saint-Michel (Saint-Étienne) et de Bellevue-Iseure (Moulins) n'ont pas manqué de rendre cet hommage de leur vive piété à l'antique « Madone du Sacré Cœur. » Ils étaient avides de se procurer son image vénérée et de brûler des cierges en son honneur. Elle aura béni leur tendre dévotion et exaucé leurs bonnes prières ! Comme l'excellent journal « *La Croix* » l'a appris à ses lecteurs (21 juin), le pèlerinage de Paris est allé aussi au pieux sanctuaire, où une explication historique a été donnée par un de nos Pères. Tout le monde semblait à la fois édifié et enchanté que la Providence ait placé l'intercession toute-puissante de la Vierge Marie sur le chemin qui conduit au Cœur de Jésus. Ces exemples ont été suivis et le seront encore. On peut prévoir que bientôt personne ne voudra quitter le cher Paray, sans avoir fait sa visite à la bonne Notre-Dame de Romay.

Nous devons ajouter que la chapelle où se trouve le tombeau du Vén. P. de la Colombière a reçu, à son tour, plus de pèlerins que jamais. Les dimensions en sont décidément trop étroites. Il y a de ce côté un mouvement de dévotion qui s'accentue toujours. Nous avons des actions de grâces à signaler pour plusieurs faveurs spirituelles et temporelles. D'autre part, la confiance augmente. On nous demande de partout des prières ou neuvaines, et aussi de petites reliques. — Elles sont pleines et débordent déjà les corbeilles, qu'on a été obligé de placer sur le tombeau, pour y recueillir les placets adressés à notre Vénérable. Il y a également de nombreuses couronnes et divers souvenirs, dont quelques-uns sont de vrais objets d'art.

Oh ! qu'il sera beau, le jour où cette dalle de marbre noir se soulèvera enfin, pour la glorification du serviteur de Dieu ! Pour ce triomphe, ne faudrait-il pas dilater les murailles et édifier, en l'honneur du Cœur de Jésus et de son Apôtre, l'Église internationale, dont le P. Drevon avait conçu la noble idée, laquelle le Pape Pie IX a bénie si paternellement, il y a juste vingt ans ? (1ᵉʳ mars 1874.) La main tremblante du Pontife avait écrit, au bas de la supplique, ces mots d'espérance et de salut, qui devront figurer au frontispice du monument : « *Sint oculi vestri cunctis diebus respicientes SS. Cor Jesu !* — Que vos yeux regardent tous les jours le sacré Cœur de Jésus ! » Oui ! c'est là le phare, sur lequel il faut fixer sans cesse nos regards, surtout dans les jours d'agitation et de tempête que nous traversons.

TRIDUUM DE L'APOSTOLAT DE LA PRIÈRE ET DE LA COMMUNION RÉPARATRICE

Nos fêtes du *Triduum* pour les Noces d'or de l'Apostolat de la Prière et le quarantième anniversaire de la Communion réparatrice ont dépassé tout ce que nous pouvions espérer. Quoique la préparation en ait été un peu hâtée, rien n'a laissé à désirer. Le Cœur de Jésus, qui aime ces Œuvres, puisqu'il en est la première origine et la vraie source, les aura bénies encore à ce trop court passage à Paray-le-Monial. En revenant après tant d'années à leur berceau, elles ont reçu un renouveau de force et de vigueur surnaturelles, pour continuer dans le monde entier à sauver les âmes et à procurer le règne de Dieu. Car c'est le cas d'appliquer le principe philosophique, dont Léon XIII nous a rappelé la formule à l'occasion même de ce jubilé : « La conservation et le renouvellement des choses ne s'opèrent que par les principes qui leur ont donné naissance. » (Audience du 11 oct. 1893.)

Le plus grand mérite du succès extérieur revient sans doute, après Dieu, au R. P. Gaudeau, S. J., qui a su, dès le premier jour, faire goûter à son auditoire d'élite une belle et pieuse doctrine, rehaussée encore par les charmes de l'éloquence la plus distinguée. Cependant nous nous faisons un devoir de rendre ici hommage à M. le Supérieur des Chapelains, qui a bien voulu nous offrir toutes les facilités dont nous avions besoin.

Selon le programme annoncé, les exercices du matin ont eu lieu dans la belle église du Cénacle, qui est le siège actuel de la Communion réparatrice. Mais, le soir, nous avions le bonheur de faire nos réunions dans la sainte et vénérée chapelle de la Visitation. Nulle part, dans l'univers entier, les fêtes de nos anniversaires ne pouvaient avoir un théâtre plus touchant et mieux approprié à l'action de grâces. Le prédicateur l'a plusieurs fois rappelé avec autant d'à-propos que de délicatesse. Il le sentait vivement, comme il l'a dit : ces lieux parlent d'eux-mêmes.

Le matin du 30 juin, fête de la Commémoraison de saint Paul, apôtre, nos fidèles Associés de Paray, auxquels étaient venus se joindre plusieurs représentants de divers centres, remplissaient la chapelle du Cénacle. Le R. P. Gaudeau alla aussitôt droit « à l'intime » de ces âmes réparatrices, en leur découvrant « l'intime du Cœur de Jésus. » Qu'est-ce donc ? « C'est, dit-il, l'amour, que la main autrefois gantée d'acier du capitaine Ignace de Loyola a défini : Un acte, qui est un don de soi... Pour nous, donner c'est souffrir, parce que c'est s'appauvrir... Mais Dieu ne pouvait ainsi nous montrer son amour en souffrant. Voilà pourquoi il s'est incarné et que le Cœur de Dieu est devenu le Cœur de Jésus. Il se donne à nous tout entier ; nous devons nous donner à lui par le détachement, la souffrance et l'humiliation... » Ces dernières pensées furent développées avec le même talent, dans les entretiens des deux jours suivants.

Nous étions le soir devant l'autel des Apparitions. L'orateur commença par comparer les deux grandes manifestations ou épiphanies de Jésus-Christ : celle de Bethléem et celle de Paray. La seconde complétait la première. Car Jésus ne se montre ce qu'il est : Homme, Dieu, Sauveur, que par le cœur... C'est par le cœur qu'on est homme... C'est par l'amour que Dieu est Dieu, puisque l'amour est le dernier mot de Dieu dans la Trinité sainte... Il y eut, dans ce discours, de magnifiques aperçus, qui se terminèrent par des applications pratiques concernant *l'Apostolat de la Prière* à ses divers degrés : « *Prière et méditation* pour connaître le Cœur de Jésus, et *Apostolat* pour le faire aimer... »

Ce premier jour n'était qu'un prélude. Le lendemain, trente hommes de nos chers et vaillants Zélateurs de Mont-

Les Délégués de « l'Union catholique » de Montceau
autour des PP. Gaudeau et Zelle.

ceau-les-Mines vinrent communier à la messe du matin. Ce sont les chefs ou *délégués* de notre belle Œuvre de l'*Union catholique* dont les progrès nous édifient autant qu'ils nous consolent. Ils portaient fièrement sur leurs poitrines la médaille de Marie, pieux insigne de leur dignité ; mais ce qui vaut mieux encore, ils avaient dans leurs bons cœurs d'hommes le feu sacré des apôtres, car apôtres ils sont tous... On le vit bien au spectacle touchant de leur piété; on le sentit à l'accent vibrant, avec lequel ils chantèrent le *Credo*, symbole de leur robuste foi chrétienne. Nous pensions à ce moment à ce chef de l'État, victime récente de l'anarchie... Ah! faites des ouvriers catholiques, rendez-leur la pleine perspective du ciel et de ses récompenses, et vous aurez résolu la question sociale. Il y aura toujours des pauvres et des travailleurs qui seront privés des jouissances terrestres; mais il n'y aura plus d'intraitables, ni de malheureux sans espoir, qui aient recours à la dynamite ou au poignard.

Le R. P. Gaudeau sut le dire éloquemment à l'exercice du soir. Après avoir exposé une substantielle doctrine sur la *Communion réparatrice* qui, avec le Sacré Cœur, doit sauver le monde par les trois actes de l'amour eucharistique : *assiduité, sacrifice, union*, il proclama bien haut « la nécessité sociale de rapprendre au peuple que Jésus l'aime ainsi et qu'il doit lui rendre cet amour. » On se souviendra de la comparaison du « Samson aveugle, qui étant placé dans les substructions de l'édifice social, pourrait en secouer les colonnes de ses bras nerveux et ensevelir avec lui, sous les ruines, les exploiteurs et les jouisseurs impies... Rendez-lui, à l'ouvrier, s'écrie l'orateur dans un beau mouvement, rendez-lui ses deux yeux, c'est-à-dire sa foi et son amour en l'unique Sauveur Jésus !... » Nos chers hommes, pour qui ce langage était bien fait, se retirèrent, ravis, enchantés. L'un d'eux nous disait avec de grosses larmes : « Mon Père, je ne donnerais pas ma journée pour cinquante *cinq* mille francs ; » il entendait pour une grande fortune et *plus* encore. Il avait raison. Une journée semblable ne vaut-elle pas mieux que tous les trésors du monde ?

Notre Triduum s'acheva avec la solennité de la Visitation,

2 juillet. Une profession avait eu lieu parmi les Sœurs de Marguerite-Marie. Donc, derrière les grilles aussi les joies pures régnaient ! Le pèlerinage du collège de Bellevue-Iseure était venu ajouter à la pieuse animation de la moderne cité de Dieu. C'était une auréole de plus à la splendeur de nos fêtes. Il y eut, pour les clôturer, de nobles et sublimes paroles qui rappelaient les grands desseins du Sacré Cœur, en vue du salut des hommes. « A cette Œuvre, toutes les bonnes volontés furent divinement conviées. Mais le Cœur de Jésus a ses disciples et ses apôtres choisis. C'est d'abord l'Ordre de la Visitation, dont l'influence, malgré qu'en eût son saint fondateur, devait être limitée aux murailles du cloître ; et voilà qu'elle s'est merveilleusement étendue jusqu'aux extrémités du monde. C'est ensuite la Compagnie de Jésus, qui ne saurait jamais oublier qu'elle a reçu, dans ce sanctuaire et à pareil jour, une mission spéciale et un poste d'honneur. Enfin, c'est la France qui peut espérer toujours et quand même, puisqu'elle a été l'objet d'un amour privilégié et qu'elle reste, malgré tout, l'apôtre de Dieu. »

Avant de finir ce consolant bulletin des *Échos* de Paray-le-Monial, signalons, pour y revenir bientôt, l'ouverture solennelle du *Hiéron* ou Musée eucharistique, dont l'idée grande et généreuse est toute à la gloire du Saint-Sacrement. Un carnet d'*Explications sommaires* vient de paraître. Désormais, les nombreux visiteurs pourront plus facilement s'instruire et s'édifier, en étudiant à loisir le magnifique monument et sa collection unique de tableaux, gravures et autres objets d'art. C'est à la fois une encyclopédie et un poème, qui redisent sous toutes les formes et dans tous les tons : hommage, triomphe et amour soient rendus partout à Jésus-Hostie notre Roi ! *Adveniat regnum tuum !*

La Cathédrale de Reims.

Septembre 1894.

LES VACANCES A PARAY

LA COMMUNION RÉPARATRICE AU CONGRÈS DE REIMS

PRÉCIEUSE DÉCOUVERTE

  Voici les vacances venues ! Ce que ce mot renferme d'harmonies suaves, nous ne l'avons pas oublié. Loisirs bien gagnés par un labeur de dix mois, douces rencontres après une longue absence, joyeuses effusions de cœurs qui s'aiment : il y a tout cela et plus encore.

  Un pèlerin fervent nous arrivait un de ces jours, tout poudreux, de la route qu'il avait voulu parcourir à pied, pour venir à Paray-le-Monial. C'était un travailleur de la pensée, un apôtre de la plume. Il venait en hâte, disait-il, se reposer l'âme auprès du Cœur de Jésus. L'idée n'était-elle pas heureuse? L'exemple n'est-il pas bon à suivre ?

  Nous savons que le voyage de Paray entre dans le plan des vacances de plusieurs. Que n'est-il dans celui de tous ! La petite cité est, durant ce temps, sillonnée par de nombreux groupes, que l'on désigne ici sous le titre de « pèlerins de vacances ». Ce sont les adolescents, les jeunes lauréats, qui apportent à Notre-Seigneur les actions de grâces pour leurs premiers triomphes; ce sont les instituteurs et les institutrices, nos vaillants éducateurs chrétiens, qui viennent demander la force nécessaire pour accomplir de nouveaux dévouements.

Oh! qu'ils sont bien inspirés les uns et les autres! La ville du Sacré Cœur a une atmosphère surnaturelle de réconfort. Les âmes y goûtent une paix intime, un repos délicieux, un délassement ineffable. Elles comprennent, mieux qu'en d'autres lieux, ces mots du divin Maître, qui sont gravés sur l'arcade principale du béni sanctuaire des apparitions : « *Venite ad me omnes qui laboratis et onerati estis, et ego reficiam vos.* — Venez tous à moi, vous qui êtes dans la peine et dans l'accablement, et moi, je vous soulagerai. » (Matth. XI, 28.)

Comme le disait une voix aussi pieuse qu'elle est pour nous vénérable et autorisée : « Notre-Seigneur Jésus-Christ a choisi cette cité pour y opérer de prodigieux mystères de miséricorde et d'amour. Il est donc conforme aux analogies de la foi de penser que la prière faite en ce lieu, divinement prédestiné, se trouvera en communion plus étroite avec les plus intimes sentiments du Cœur de Notre-Seigneur Jésus-Christ, et deviendra, par là même, un moyen plus puissant de grâces et de bénédictions. » (*M*^{gr} *Perraud.* Lettre Pastor. 1876).

VISITES ÉPISCOPALES

Des pèlerins de haute marque sont venus à Paray puiser à la source féconde du Sacré Cœur et nous apporter l'exemple de leur insigne dévotion. — Son Éminence le Cardinal Goossens, archevêque de Malines, étant en traitement à Vichy, a eu l'heureuse inspiration de faire jusqu'ici une petite excursion sainte. Nous regrettons que sa visite n'ait duré que quelques heures. Mais il a prié, avec la ferveur que l'on connaît, dans nos pieux sanctuaires. C'était la catholique Belgique qui, en la personne de l'auguste chef de ses églises, revenait à Paray, où l'on n'a pas oublié les brillantes manifestations que cette nation, fidèle entre toutes, a multipliées envers le Cœur de Jésus. Ne reverrons-nous pas bientôt ces beaux jours et ces magnifiques élans de foi ?

Après la pourpre, nous avons vu passer dans nos rues l'habit blanc de Mgr Toulotte, des Missionnaires d'Alger, vicaire apostolique du Sahara. Le courageux apôtre rêve de conquérir à Jésus-Christ cet immense domaine, que les armes françaises ont encore récemment agrandi. Nous l'avons vu prier avec une piété angélique, auprès des tombeaux de la B. Marguerite-Marie et du Vén. P. de la Colombière. Il leur demandait sans doute le « feu sacré », que donne le Cœur de Jésus. Puisse-t-il le porter à toutes ces tribus infidèles, qui sont encore assises aux ombres de la mort !

Mgr Perraud est venu lui aussi dans son cher Paray. Il ne se passe guère de saison, qui ne l'y ramène plusieurs fois. Son grand cœur est ainsi attiré auprès du divin Cœur. Nous avons eu le bonheur de le posséder pour la fête de saint Ignace. A cette occasion, sa bienveillance s'est manifestée d'une manière touchante, d'autant qu'il nous avoua avoir fait un détour, pour venir prendre part à la solennité de notre bienheureux Père. Sa Grandeur nous raconta aussi, dans l'intimité, avec ces charmes du langage qui la distinguent, comment un jour, en Espagne, il alla à pareille date en pèlerinage au tombeau vénéré de Loyola, afin d'y fêter notre grand Patriarche. Ce souvenir ne pouvait manquer d'édifier et de consoler les humbles fils d'Ignace.

LA COMMUNION RÉPARATRICE AU CONGRÈS DE REIMS

Afin de répondre à d'aimables invitations, nous sommes allé à Reims, prendre part au Congrès eucharistique. C'était

Vue de Reims.

pour représenter l'OEuvre de la Communion réparatrice. Nos chers Associés ont bien droit à quelques détails sur ce sujet.

Toutes les voix de la presse catholique ont rendu compte de ces solennelles assises. « Le Congrès eucharistique de Reims, — écrit le *Pèlerin*, — a été merveilleux de piété, d'adoration, de réparation envers Notre-Seigneur et de religieux enthousiasme. Deux Cardinaux, ceux de Reims et de Bordeaux, des Archevêques et des Évêques y assistaient et dirigeaient les discussions. Les processions ont été superbes. La ville du sacre des rois avait retrouvé les grandes pompes d'autrefois. Elle fêtait le *Roi des rois*, le souverain Maître et Seigneur du ciel et de la terre, présent dans la sainte Eucharistie (5 août). » C'était bien, en effet, cette noble et grande idée, qui dominait tous les esprits, en même temps que l'intention si louable de poursuivre l'œuvre d'union des Églises d'Orient, tentée par le Congrès de Jérusalem.

Pour ce qui est de notre sujet, nous avons d'abord exposé, dans l'Assemblée générale, les résultats obtenus par la Communion réparatrice, pendant les quarante années de son existence. Il nous a semblé que les cœurs de ces vénérés Pontifes, de ces prêtres dévoués et de ces pieux fidèles tressaillaient d'allégresse et d'espérance, en entendant « qu'au moins quatre-vingt mille Communions étaient assurées chaque jour, dans l'univers entier, pour réparer les outrages à Notre-Seigneur et faire contrepoids à sa justice. » Cette consolation venait de Paray, et l'adresse de clôture la signalait parmi les autres au Pape Léon XIII, dans le but de la lui faire partager.

« Toutefois, ajoutions-nous, il est une Œuvre que le P. Drevon avait conçue, comme le digne couronnement de la Communion réparatrice. Il voulait, selon les désirs du Cœur de Jésus, lui donner un caractère plus manifeste de réparation sociale. Pour cela, il songeait à entraîner les hommes, qui malheureusement se tiennent, en grande majorité, trop éloignés de la fréquentation eucharistique, et partant de la vraie vie chrétienne.

« Une adresse au Saint-Père, rédigée dans ce sens, avait été signée avec une particulière bienveillance par son Ém. le cardinal Desprez et par onze Archevêques ou Évêques de France, d'Espagne et d'Italie, auxquels se joignirent bientôt onze pontifes ou prélats d'Orient. C'étaient en tout vingt-trois chaleureuses adhésions épiscopales, dont nous sommes heureux de posséder les précieux textes.

« Mais la mort soudaine du promoteur interrompit ce beau mouvement, tandis que la dispersion empêchait ses frères en religion de le continuer. Nous voudrions reprendre cette idée, toujours sous le patronage de Nos Seigneurs les Évêques, et avec le concours zélé des prêtres de paroisse et des hommes d'Œuvres... Y eut-il jamais une époque où la réparation ait été plus nécessaire ? Et aussi n'est-il pas évident que, par ces Communions réparatrices *d'hommes*, on arriverait plus directement et plus efficacement à rétablir, dans les familles et les sociétés, le règne de Jésus-Christ ? »

Nous avons ensuite montré par les exemples de nos Œuvres de Béyrouth (Syrie) et de Montceau-les-Mines, comment on peut arriver partout à établir des *Communions mensuelles d'hommes* du peuple, et quels précieux fruits elles produisent dans les centres ouvriers. Nous ajoutions :

« La Communion réparatrice a essayé, dans ces derniers temps, de former des sections d'hommes. La chose est plus facile qu'elle ne paraissait de prime abord. Il y a quelques semaines, nous parlions de ce projet à l'occasion d'une retraite d'ouvriers. C'était dans le diocèse de Clermont-Ferrand. Aussitôt un jeune homme de vingt-cinq ans vint s'inscrire, avec quatre autres, pour la Communion hebdomadaire. Le fervent Zélateur n'était rien moins qu'un ancien sergent de « turcos. »

« Il serait donc à souhaiter qu'on poursuivît cette Œuvre réparatrice par excellence, de la Communion des hommes. Ce serait le meilleur moyen de rendre aux âmes la « pleine vigueur de l'esprit » et de remettre, à la première place qui lui convient, Jésus-Christ Notre-Seigneur, aux pieds duquel l'Église, par la bouche de saint Thomas d'Aquin, convoque tous les peuples, afin qu'ils recon-

Porte latérale de la cathédrale de Reims.

naissent et adorent dans le Saint-Sacrement sa Royauté souveraine : *CHRISTUM REGEM dominantem gentibus, qui se manducantibus dat spiritus pingue linem, venite adoremus.* (Off. SS. Sacram.)

« Le Vén. cardinal Guy de Paray, archevêque de Reims, avait reçu en 1205, du pape Innocent III, la confirmation, pour lui et ses successeurs, du privilège de sacrer nos rois. (Bibl. des Auteurs de Bourgogne, p. 278.) Il appartiendrait à ce Congrès, présidé par un autre illustre cardinal de Reims, de proclamer à nouveau Jésus, présent dans l'Eucharistie, comme le vrai Roi et dominateur des individus et des nations. »

Ces dernières paroles furent accueillies par de vifs applaudissements, qui prouvaient qu'elles répondaient aux vœux du Congrès. Nous finissions en rappelant ce que disait naguère Léon XIII, au sujet de la dévotion au Sacré Cœur, qui est née à Paray-le-Monial : « Elle est le caractère distinctif de l'Église à notre époque, le gage de son futur triomphe et le fondement de nos espérances dans un avenir meilleur. » (11 oct. 1893.)

Ce serait le lieu de parler de l'inauguration du « Musée eucharistique » ou « Hiéron, » qui s'est faite ici, au courant de juillet, dans des conditions évidemment beaucoup plus humbles que celles d'un Congrès. L'abondance des matières nous oblige à remettre cet intéressant sujet. Cependant nous devons dire, dès aujourd'hui, que les réunions, annoncées entre les autres organes, par les deux feuilles religieuses diocésaines, la *Semaine* d'Autun et le *Pèlerin* de Paray, avaient attiré un excellent auditoire, qui est resté choisi et tout d'élite. On y a exposé cette thèse *historique* que Notre-Seigneur, étant de *droit* le Roi suprême des nations, il a par le *fait* reçu autrefois, comme tel, des hommages sociaux dans la sainte Eucharistie. Œuvre d'une foi et d'un dévouement admirables, la Société des Fastes s'efforce de proposer aux peuples modernes la règle ou *norme* de ces heureuses traditions et de faire ainsi écho aux désirs et aux *promesses* exprimés ici même par le Cœur de Jésus. Si l'on a pu se méprendre sur ce noble dessein, nous ne pouvons, pour notre part, que le louer et l'estimer, puisque ceux qui le poursuivent ont reçu l'encouragement d'un Bref pontifical et la faveur d'indulgences précieuses.

UNE DÉCOUVERTE : PRIÈRE DE LA B. MARGUERITE-MARIE AU P. DE LA COLOMBIÈRE

Nous avons la douce consolation de signaler à nos lecteurs la découverte d'un document inédit, très remarquable, qui ne pourra manquer de réjouir les amis du Sacré Cœur et de ses premiers apôtres. Un intrépide chercheur, dont les travaux ont déjà rendu plus d'un service à la science, M. Veillerot, membre de l'Union parodienne, dont le siège est au Hiéron, vient de faire la trouvaille d'un autographe de la B. Marguerite-Marie, qui sera un véritable petit événement dans le monde de la piété. C'est une prière charmante, que la Bienheureuse avait écrite de sa main au revers d'une image représentant le Vén. P. de la Colombière. Nous transcrivons toute la pièce, reconnue authentique par Mgr Perraud, évêque d'Autun.

« Avec permission de la sainte obéissance, je garde cette image du bien heureux Père Claude de la Colombière, mon bon protecteur, qui m'assistera, s'il lui plaît, de sa sainte et puissante intercession auprès du sacré et adorable Cœur de Jésus-Christ.

FAC-SIMILÉ
DE LA PRIÈRE DE LA B. MARGUERITE-MARIE
AU V. P. CLAUDE DE LA COLOMBIÈRE

avec permision de la ste obeisance ie
garde cette image du bien heureux
pere claude de la colombiere mon bon
protecteur qui masistera sil luy plait
de sa ste et puisante interseusion
aupres du sacre et adorable coeur
de Jesus christ
O bien heureux pere claude de la
colombiere ie vous prand pour
mon interseseur deuant le sacre
coeur de jesus chrit obtené moy
de sa bonté la grace de ne point
resister au desin quil a sur mon
ame et que ie me rande une
parfaite imitatrise des vertu de
son diuin coeur mon bon protecteur
iespere de ce charitable secour de
vos ste intercesion et que vous
masistere non seulemt pandant
cette vie mortel mais particulierem̃t
alheure de ma mort contre les
ataque des demon obtené moy grãd
Et ie vs en coniure que ie meure dela mort
mistique afin que la naturel vienne plutot
a sin entre mes sul beny

« O Bienheureux P. Claude de la Colombière, je vous prends pour mon intercesseur devant le sacré Cœur de Jésus-Christ. Obtenez-moi de sa bonté la grâce de ne point résister aux desseins qu'il a sur mon âme et que je me rende une parfaite imitatrice des vertus de son divin Cœur. Mon bon protecteur, j'espère ce charitable secours de votre sainte intercession et que vous m'assisterez non seulement pendant cette vie mortelle, mais particulièrement à l'heure de ma mort, contre les attaques des démons. Obtenez-moi, grand Saint, je vous en conjure, que je meure de la mort mystique, afin que la naturelle vienne plus tôt. Amen. Dieu soit béni ! »

Le manuscrit est apostillé : « Nous reconnaissons pour authentique cet écrit de la Bienheureuse. — *Paray-le-Monial, 3 août 1894.* ✝ Adolphe-Louis, Évêque d'Autun. »

Qui n'admirera cette tendre confiance de l'Amante du Cœur de Jésus envers son pieux directeur ? Qui ne remarquera ces sentiments élevés, où se révèle la générosité d'une âme héroïque ? Le dernier trait de cette prière vaut les plus belles maximes. C'est une heureuse variante du « *Cupio dissolvi* » de saint Paul, ou du « Souffrir ou Mourir » de sainte Thérèse, dont Marguerite-Marie fut l'émule.

Nos lecteurs sentiront eux-mêmes grandir leur confiance en « la sainte et puissante intercession du Père de la Colombière, auprès du sacré et adorable Cœur de Jésus. » Il nous arrive de divers côtés des actions de grâces, que nous voudrions être parfois plus explicites et plus complètes. Cette découverte providentielle donnera, il faut l'espérer, un nouvel élan pour poursuivre la cause de béatification. Puisse-t-elle bientôt aboutir, pour nous permettre d'invoquer publiquement celui qu'une grande sainte appelle « un grand Saint ! »

Octobre 1894.

HIÉRON OU MUSÉE EUCHARISTIQUE

DÉDIÉ

A JÉSUS-CHRIST ROI

Après avoir satisfait leur dévotion dans nos pieux sanctuaires, tous les pèlerins de Paray ne manquent pas de visiter le Hiéron. Il est devenu, depuis quelque temps surtout, la grande curiosité de notre ville. Hiéron ! ce nom nouveau, qui est gravé en grosses lettres au frontispice du monument, en a étonné plus d'un. Ce sont ceux qui ignorent le grec ou qui, hélas! l'ont oublié. En effet, le mot est tiré de la belle langue des Hellènes, comme tant d'autres, que l'on a francisés, tels que Basilique, Église, etc. Il exprime étymologiquement l'idée d'une enceinte sacrée ; mais il semble avoir été réservé par l'usage aux temples-palais, où s'élaboraient les lois souveraines qui, au nom du Droit divin, maintenaient la paix des nations. L'exemple du Hiéron de Cnide est bien connu dans l'histoire de l'Art (*Univers pittoresque illustré*, XII, 642.) On a voulu christianiser ce souvenir et ce nom. Ainsi compris, le titre semble mieux convenir à l'édifice que celui de « Musée eucharistique, » qui paraissait quelque peu profane et trop restreint. D'ailleurs, l'inscription est expliquée et complétée par cette dédicace : A Jésus Hostie Roi. On a donc élevé ici, à la Royauté de Notre-Seigneur dans l'Eucharistie, une sorte de temple de la paix sociale et universelle. Il faut avouer que l'idée n'est pas banale.

Vue extérieure du Hiéron.

Le Hiéron est le principal monument, je dirais mieux, le seul en dehors de quelques chapelles, qui ait été édifié à Paray-le-Monial, depuis les révélations du Sacré Cœur. Nous verrons qu'il s'y rattache intimement, ainsi qu'à la Communion réparatrice. Pour ces motifs, il méritait une mention dans ce Bulletin. D'autant que nous avions promis de plus amples détails. Donnons-les enfin, puisqu'on nous y invite de toutes parts.

En ce temps de vacances, les groupes nombreux et les pèlerins isolés passent et repassent à travers ces salles, où sont étalés des tableaux, des gravures, des objets d'art, qui ont tous quelque rapport au Saint-Sacrement. Dans son genre, cette collection est unique au monde. Elle était visitée dernièrement par les pèlerins belges, que nous étions tous heureux de revoir à Paray. Ils ont trouvé, mis en bonne place au Hiéron, plusieurs traits de leur noble histoire. Les Alsaciens-Lorrains sont aussi venus, au nombre de plusieurs centaines, animés de plus en plus de leur foi robuste au Christ, roi des nations chrétiennes. Des deux extrémités opposées de la patrie française, les Rémois et les Toulousains nous ont apporté l'exemple de leur dévotion constante et de leur confiance inaltérable dans les promesses du Cœur de Jésus. Ils n'ont pas manqué non plus de visiter les galeries eucharistiques. Nous avons lieu de penser qu'ils en ont été fort satisfaits. On ne peut là que s'instruire et s'édifier. Il est bien possible que plusieurs ne saisissent pas toute la magnifique synthèse de l'ensemble; mais nous avons souvent entendu attester par les hommes les mieux avisés que chaque détail, chaque tableau, est comme un discours en action, qui encourage à croire et à espérer.

Déjà les érudits et les savants, les peintres et les artistes viennent étudier, disent-ils encore, le *Musée eucharistique*. Ils ont retenu l'ancien nom. C'était naguères le rédacteur en chef d'une revue critique d'Art, publiée à Paris, qui s'extasiait de trouver, « en province, » de tels trésors accumulés. Il signalait plusieurs toiles de grands maîtres qui, à son avis, auraient fait la meilleure figure dans les collections nationales du Louvre. — Un autre de nos hommes de science les plus distingués, qui est aussi un bon chrétien, était venu en simple pèlerin. Après avoir parcouru attentivement le Hiéron il s'écriait tout émerveillé : « Mais cela vaut bien déjà le voyage de Paray. » — On dira que ceux-là sont des bienveillants. Oui, apparemment. Ont-ils tort pour autant? Sans vouloir contester les droits de la critique, qui peut trouver à s'exercer ici, comme en toute œuvre humaine, ne serait-ce pas le cas de répéter que la bienveillance n'est souvent que de la clairvoyance ? Comment est née cette œuvre? Nous allons essayer de le rapporter.

HISTORIQUE DE LA FONDATION

Il y a une vingtaine d'années, vivait à Paray un humble religieux, qui avait au cœur une ardente passion pour le règne de Jésus-Christ. *Adveniat regnum tuum!* Comme on l'a dit, « c'était toujours là le fond de sa pensée. Paray-le-Monial était pour lui la capitale de ce règne, par des raisons de choix divin. » (*Notice* sur le P. V. Drevon.) A cette fin, il fonda la Communion réparatrice dans le monde entier; il fit venir, en un an, deux cent mille pèlerins aux pieds du Cœur de Jésus ; il recueillit à lui seul plus de deux cents adhésions, parmi les députés de la France, en vue d'une Consécration, qui fut faite ici-même, avec un éclat qu'on n'a pas oublié. Ce n'était pas assez. L'infatigable apôtre rêvait d'instituer, dans la petite cité, un centre de lumière, où s'imposerait cette conclusion : « *Oportet autem illum regnare* : Il faut que le Christ règne. » (I Cor. XV, 25.) La première fondation de l'Institut des Fastes et de la Bibliothèque eucharistique naquit de cette pensée.

Anciens Ostensoirs et autres objets d'art conservés au Hiéron.

Mais un jour, le P. V. Drevon (c'est lui, on l'a reconnu) rencontra un homme du monde, grand par le nom, l'esprit et le cœur. Tous deux s'entendirent aussitôt, et je crois qu'ils s'aimèrent. Le gentilhomme partit vers la capitale du monde chrétien. Il arrivait au moment de l'exaltation de Léon XIII sur le trône pontifical. Il tomba à ses genoux en demandant une bénédiction pour la médaille de la Communion réparatrice, qui symbolisait alors son dessein de la reconstruction terrestre du règne de Jésus-Christ, sur tant de ruines du passé. — « Oui, — dit le nouveau Pontife, d'un air inspiré, — oui, je bénis cette noble et pieuse idée; mais c'est à la condition que vous en ferez l'œuvre de votre vie. » C'était une vocation providentielle.

Le Jésuite mourut bientôt, quand il aspirait à poursuivre ses audacieuses entreprises, *ad majorem* Dei *gloriam*. Mais son ami a continué l'œuvre commencée. Voilà quatorze ans qu'il s'y emploie, sous sa seule responsabilité. Il y a mis son temps, son argent, son intelligence, sa vie et (le dirai-je aussi ?) son originalité, dont on pourrait peut-être, sans injure, lui faire une excuse, mais non un crime. Les difficultés ne lui ont pas manqué : elles ne manquent jamais à qui aime Jésus-Christ et veut dilater son règne. Des obstacles, il en a trouvé de divers côtés ; mais il avait en lui de cette obstination espagnole qui a opéré des merveilles dans le monde ; il avait dans ses veines du sang de la famille de sainte Thérèse, qui, pour être une femme, avait comme maxime : « Ne crains rien, Dieu seul suffit. »

Fort de l'approbation et des faveurs de Léon XIII, encouragé par un grand nombre d'Évêques, M. le baron de Sarachaga a édifié, en 1893, ce beau monument, qui s'appelle le Hiéron. C'est lui qui l'a rempli de tableaux et de chefs-d'œuvre recueillis de partout ; c'est lui qui y a réuni de quatre à cinq mille volumes se rapportant à l'Eucharistie ; c'est lui qui a jeté là les centaines et les centaines de mille francs ! En notre fin de siècle utilitaire et matérielle, trop souvent indifférente à ce qui n'est pas vils plaisirs, courses de chevaux et jeux de bourse, on avouera qu'un tel exemple est tout au moins consolant, s'il ne paraît simplement admirable.

Nous avons vu passer, devant cet édifice, des hommes qui haussaient les épaules, en souriant, et qui devaient murmurer, comme Judas devant cette femme qui avait brisé, aux pieds de Jésus un vase d'albâtre rempli de parfums précieux : « — *Ut quid perditio hæc?* — Pourquoi cette perte ? » (Matth. XVI, 8). — Ce monument, une perte ? une dépense inutile ?... Mais, c'est un gain, c'est une réparation, c'est un hommage, qui aura réjoui le Cœur du Christ et qui servira un jour de justification à notre triste époque. On passera encore, dans cinquante et cent ans, devant ce palais digne de la munificence d'un prince. On lira cette inscription : A Jésus Hostie Roi; et on dira : Non, ce siècle n'était pas le dernier des siècles, qui a vu s'accomplir par un seul homme une si généreuse idée, et qui a produit une œuvre semblable à la gloire de notre divin Maître et Seigneur !

IDÉE ET BUT DU HIÉRON

Le *Messager* exposait ainsi, il y a dix ans, le but de l'Institut, qui a son siège principal au Hiéron : « La Société des Fastes eucharistiques, son nom le dit, se propose pour objet de ses travaux l'*Histoire triomphale du Règne de Jésus-*

Christ *dans l'Eucharistie et par l'Eucharistie*. Préparer cette histoire, la vulgariser, l'utiliser, voilà tout son but. Mais ce but est d'une portée immense : l'atteindre sérieusement entraîne des résultats incalculables. » (*Messager*, juin 1884, p. 711.) On n'a fait depuis lors que poursuivre ce magnifique programme. Il s'agissait de reconstruire l'histoire du Saint-Sacrement dans le passé, pour obtenir son triomphe dans l'avenir.

Le passé a été scruté. « Toutes les sciences, tous les arts sont venus, les mains pleines de preuves, démontrer par des arguments irrésistibles que Jésus-Christ est actif au Très Saint-Sacrement, que depuis dix-huit siècles il y exerce une puissance qui s'étend à tout et qui a son contre-coup partout... » (Cf. *ibidem*.) On a constaté que des hommages *sociaux* ont été rendus, à travers les siècles de foi, à la Royauté eucharistique. Qu'il y ait eu, à notre triste époque, une défection malheureuse, un *déraillement* presque universel des sociétés à cet égard, c'est ce qui a été aussi reconnu, puisque la chose est manifeste. Mais on n'a jamais dit que la vérité, ou le *droit* de Jésus-Christ, soit un dogme perdu dans la sainte Église.

Nous savons que « les dogmes ne finissent pas. » La royauté souveraine de Notre-Seigneur est un point fondamental, que toutes les voix de l'Écriture et de la Tradition proclament à l'envi. Les Prophètes l'ont annoncée : « Et il lui a donné la puissance, et l'honneur, et le Règne ; et tous les peuples, les tribus et les langues diverses le serviront ; » (Dan. VII, 14) — les Évangélistes en ont recueilli le témoignage sur les lèvres du Christ même : « — Tu es donc Roi, » interroge Pilate. « — Tu le dis, répond Jésus, je le suis. » (Jean, XVII, 37.) Les Apôtres ont revendiqué et proclamé ce droit inaliénable ; les Pères et les Docteurs l'ont défendu et confirmé. Il n'a jamais été mis en doute que dans certaines théories gallicanes, régaliennes ou libérales, cent fois réfutées et condamnées. Elles prétendaient flatter ainsi les pouvoirs humains au détriment de Dieu et de son divin Fils.

Grande salle du Hiéron.

Jésus-Christ est-il Roi dans l'Eucharistie ? — La question se réduit à savoir si Notre-Seigneur est, dans le Saint-Sacrement, avec tous ses droits et ses prérogatives. Mais qui oserait en distraire une parcelle, quand le Concile de Trente a dit, en un mot, qu'il y était tout entier : « *Totum*

Christum ? » (Sess. xiii, Can. 1.) Je sais bien qu'une certaine théologie pourrait objecter son état d'abaissement et de quasi-anéantissement, dans lequel plusieurs docteurs ont cru distinguer la forme du divin Sacrifice [1]. Eh ! n'était-il pas abaissé dans la crèche et sur la croix, le Sauveur Jésus ? Cependant sa Royauté a été reconnue et exaltée dans ces humbles états. Que dis-je ? C'est *à cause* de ces humiliations et de son anéantissement qu'il a reçu de son Père la glorification et le triomphe dans le ciel et sur la terre : « *Exinanivit semetipsum, formam servi accipiens,* propter quod *et* Deus *exaltavit illum,* etc. » (Philip. II, 9.)

D'ailleurs, il y a d'autres titres particuliers, pour que cette Royauté soit exaltée dans l'Eucharistie. Tout d'abord, nous devons chercher et honorer notre divin Roi, où il se trouve parmi nous. Or, sur la terre, le Dieu-Homme n'est que dans l'Hostie, « dont il a fait le mémorial de toutes ses merveilles. » (Voir *Conc. Trid.*, sess. xiii, cap. ii.) Et puis, en tant que Sacrement, Jésus-Christ nourrit nos âmes et établit ainsi son Règne dans tout le corps social, par la communion de toutes les unités entre elles et avec leur divin chef. — Enfin, comme le proclamait déjà saint Bernard, « l'union existe on ne peut plus étroite entre le Sacerdoce et la Royauté du Christ. » (Ep. 243.) Il est Roi, parce qu'il est Pontife. Non pas certes que nous voulions dire que Jésus soit présent dans l'Eucharistie, sous la *raison primaire et formelle* du Règne ;

---

1. Le savant Cardinal Franzelin, qui avait d'abord soutenu cette opinion, y tient si peu que, dans une dernière édition, il déclare ne vouloir attirer personne à son sentiment. *Neque enim quemquam in sententiam, quam defendemus, pertrahendi animus est* (Edit. tertia, p. 388). Quoi qu'il en soit, tous les Docteurs admettent que les anéantissements eucharistiques ne sont que pour *la glorification* de Dieu et de son Fils, ce qui est la fin suprême de toutes les œuvres divines. L'illustre Jésuite pense à cet égard comme tous les Théologiens orthodoxes.

mais il est là, sacrement et sacrifice, *à la fin suprême* de régner sur les individus et les sociétés. Pour être invisible et cachée, cette action n'en est pas moins réelle et efficace.

Les Pères l'ont ainsi enseigné ; et pour n'en citer qu'un des plus illustres, saint Jean Chrysostome disait aux fidèles, en montrant l'autel, où il les conviait : « *Ipse Rex adest ;* Le Roi est là ! » (*Hom. 63 ad pop.*) Dans l'invitatoire de l'office du Saint-Sacrement, qui résume, selon l'ordinaire, tout le mystère dont il s'agit, l'Église invite les peuples à adorer leur Roi, qui se fait leur nourriture spirituelle : « *Christum Regem, dominantem gentibus, qui se manducantibus dat spiritus pinguedinem, venite adoremus !* » On sait aussi que les révélations de Paray-le-Monial vont à faire rendre à l'Eucharistie, sous le symbole du Sacré Cœur, les hommages dus à la Royauté. « Il veut régner. » — « Il régnera malgré Satan et ses ennemis. » Ce sont là des expressions qui se rencontrent fréquemment sous la plume de la B. Marguerite-Marie. Aussi bien, n'avons-nous pas été étonné de trouver, dans ses Œuvres, une pieuse « *Oraison à Notre-Seigneur en qualité de Roi, dans le Saint-Sacrement.* » (*Contemp.* II, 554.)

Telle est la doctrine sur laquelle l'Institut des Fastes a pu appuyer ses travaux *historiques*, qui l'ont rendue plus lumineuse et plus éclatante. L'idée du Hiéron a d'ailleurs été honorée d'un Bref élogieux de Léon XIII, tandis que le fondateur recevait, comme encouragement pour son Œuvre, le titre de Commandeur de l'Ordre Constantinien de Pie IX. « La Société des Fastes Eucharistiques, disait le document pontifical, fait profession de promouvoir, dans les États, *l'Empire* du Christ, en exaltant l'Auguste Sacrement de l'Eucharistie... Cette entreprise est sans doute excellente ; car que peut-on faire de plus saint que de s'efforcer d'appeler les nations à rendre *hommage* à leur Dieu, par l'étude approfondie de cette sublime merveille, en vertu de laquelle le Christ s'unit mystérieusement à chacun des fidèles ! » (*Bref* du 16 avril 1888.)

Collection de lampes des Catacombes (au Hiéron).

Les travaux du Hiéron ont eu déjà une longue répercussion à travers le monde entier. Cela s'est fait surtout par les Congrès eucharistiques. Celui d'Avignon, en 1882, avait acclamé *l'idée de l'Œuvre*, dans un vœu célèbre. A Fribourg, en Suisse, le Congrès international de 1885 remit solennellement en pratique l'usage des *serments* à l'Hostie, préconisé par la Société des Fastes. En 1886, l'Assemblée nationale eucharistique de Quito, dans l'Équateur, applaudit chaleureusement Monseigneur Ordonez, son président, qui disait, en clôturant les séances : « La grande question vitale de ce siècle, c'est le rétablissement *public et solennel* du Règne eucharistique de Notre-Seigneur Jésus-Christ. » Dans la petite République américaine, c'est chose désormais accomplie ; et l'on sait quels en furent les heureux résultats. L'an dernier encore, l'Archevêque de Valence, en Espagne, exposait magnifiquement, dans une lettre pastorale de convocation au Congrès de cette ville, l'action du « Règne social de Jésus-Christ par les *hosties miraculeuses.* »

Enfin, tout récemment, le Congrès eucharistique de Turin, où l'on a vu cinquante archevêques et évêques réunis autour de deux éminents cardinaux, avait mis en bonne place, dans son programme signé par les archevêques de Verceil et de Turin, toute la théorie du Règne de Jésus-Hostie. Nous citons : « Règne de Jésus-Christ ; Fondement historique de ce Règne dans la société ; Pactes sociaux et les résultats ; La reconnaissance pratique de la souveraineté du Christ dans l'Eucharistie, source de gloire et de prospérité pour les individus, les familles et les Sociétés ; Hommages à Notre-Seigneur dans l'Eucharistie ; Miracles eucharistiques, leurs effets. « (*Norme e Programma*, p. 5.) Nous ne doutons pas que ce programme n'ait été développé et bien rempli. L'Œuvre, qui a son siège au Hiéron, en recevra un puissant encouragement, puisque c'est là, en résumé, toute son idée et tout son but.

Novembre 1894.

INFLUENCE DES ŒUVRES DE PARAY

AU POINT DE VUE

DE LA QUESTION SOCIALE

Comme nous l'avions prévu, le Congrès eucharistique de Turin a été le triomphe de la royauté de Jésus-Hostie. La Société des Fastes, dont le siège principal est au Hiéron de Paray-le-Monial, marquera cette assemblée parmi les plus importantes qui aient adopté les nobles idées qu'elle tend à propager dans le monde entier. Nous croyons savoir qu'en cette circonstance l'action de ses membres s'est montrée particulièrement efficace. Le fait est consolant à constater à la gloire du divin Maître.

Ce dut être un beau spectacle de voir cinquante Évêques et un peuple immense proclamer Notre-Seigneur Roi dans le Saint-Sacrement. D'après les heureux témoins, on se serait cru aux meilleurs temps d'autrefois. Le dernier jour du congrès, M⁣ᵍʳ Pampirio, archevêque de Verceil, jura, dans la cathédrale de Turin, « *l'hommage à* Jésus-*Sacramenté.* » — C'est le mot passé en usage dans la langue des catholiques italiens et espagnols. La formule fut répétée avec enthousiasme par tous les Pontifes et par la foule. Nous en extrayons quelques passages, qui intéresseront davantage nos pieux lecteurs.

« Notre-Seigneur « Sacramenté [1] », ô Roi du ciel et de la terre, nous vous reconnaissons, nous vous adorons *régnant* au milieu de nous, par droit de naissance et de conquête, et par le *pacte* conclu avec vous, quand nous sommes entrés dans votre Église, et que nous renouvelâmes le jour où, assis pour la première fois à la table eucharistique, nous sentîmes sur notre cœur battre le vôtre. Nous proclamons hautement qu'à vous appartiennent : le trône, le sceptre et l'empire du monde...

« Nous nous affligeons, ô Jésus, et nous faisons acte de réparation pour tous les outrages portés à votre Majesté. Si d'autres vous méconnaissent, nous ici nous sommes prêts à vous acclamer Roi souverain des siècles éternels...

« Souvenez-vous de la promesse que vous fîtes à l'humble vierge de Paray, la B. Marguerite-Marie Alacoque : « Je régnerai malgré Satan et « ses suppôts. » Votre parole ne passera pas; mais daignez hâter l'accomplissement de votre promesse. Reviennent, reviennent bientôt parmi nous ces temps heureux, dans lesquels nos aïeux se glorifiaient de rendre de solennels et publics hommages, et d'ériger de splendides trophées en l'honneur de votre présence dans le très auguste Sacrement!...

« Oh oui! vienne votre Règne! *Adveniat Regnum tuum!* Qu'il vienne dans tout l'univers; et d'abord commencez par

[1]. En italien, *Sacramentato* : mot difficile à rendre autrement en français.

régner au milieu de nous, dans nos intelligences, dans nos cœurs, dans tout notre être. Que ces pactes sociaux continuent à nous être sacrés ! Nous les reconnaissons solennellement, en nous consacrant à vous, ô Jésus-Sacramenté, pour la vie et pour la mort, disposés, s'il le faut, à les sceller de notre sang...

« Vive Jésus-Sacramenté, notre Seigneur et notre Roi ! »

Pour consacrer la mémoire de cet acte, dont « la pensée doctrinale » est, comme on l'a dit, d'autant plus considérable qu'il s'est produit « à l'ombre du Vatican, et avec le concours de princes du Sacré-Collège » (*Univers*, 17 septembre), la Société des Fastes a fait frapper une médaille que nous avons reçue avec bonheur et reconnaissance. La face représente Jésus-Christ couronné, tenant d'une main le sceptre, tandis que de l'autre il montre son divin Cœur. A ses pieds, sont déposés les diadèmes des rois et des empereurs. En exergue, on lit ces mots : « *Rex regum et Dominus dominantium* : Le Roi des rois et le Seigneur des seigneurs » (Apoc. XIX, 16.) Au revers, on voit l'hostie rayonnante au-dessus du calice, avec cette épigraphe :

SOCIETAS . A . FASTIS . EVCHARISTICIS
IN . MEMORIAM
EVCHARISTICI . CONVENTVS
IVRATÆ . Q . IN . ÆDE . MAXIMA
CHRISTO . REGI . FIDEI
TAVRINI . VII . ID . SEPT.
MDCCCXCIV

La Société des Fastes eucharistiques — en mémoire du Congrès eucharistique et de la foi jurée dans la cathédrale — au Christ-Roi — à Turin, le 7 septembre 1894.

Notre Saint-Père le Pape Léon XIII a reçu une de ces médailles en or, et il lui a fait le plus bienveillant accueil. C'est

une nouvelle preuve de la faveur qu'il n'a cessé d'accorder à l'Œuvre, dont le centre est à Paray-le-Monial.

CONGRÈS DES TERTIAIRES FRANCISCAINS A PARAY

Nous sommes à l'année des Congrès. C'est par une heureuse idée que le Tiers-Ordre de Saint-François est venu commencer, auprès du sanctuaire du Sacré Cœur, ses assises nationales pour la France.

Il s'agit d'un mouvement, qui devra s'étendre à l'univers entier, en faveur de la régénération religieuse et sociale, dont nous avons si grand besoin. Pour accomplir cette œuvre qu'il a entreprise et qu'il poursuit avec une énergie sans pareille, l'immortel Léon XIII a fait appel aux fils du Patriarche d'Assise. Il leur a dit avec une tendresse toute paternelle : « Nous voulons exciter votre charité, et vous faire travailler avec nous au salut des hommes, à leur guérison... Celui qui a déjà sauvé le monde le sauvera encore durant la suite des siècles... Au temps de saint François, l'erreur multiple des Albigeois, soulevant les foules contre le pouvoir de l'Église, avait troublé l'État, en même temps qu'elle ouvrait la voie à un certain *socialisme*. De même aujourd'hui, les fauteurs et les propagateurs du *naturalisme* se multiplient ; ils rejettent opiniâtrement la soumission due à l'Église; et par une conséquence nécessaire, ils vont jusqu'à méconnaître la puissance civile elle-même ; ils approuvent la violence et les séditions dans le peuple; ils mettent en avant le partage des biens; ils flattent les convoitises des prolétaires; ils ébranlent les fondements de l'ordre civil et domestique. Au milieu de tant et de si grands périls, il y a lieu d'espérer beaucoup des institutions franciscaines, ramenées à leur état primitif. Si elles florissaient, la foi, la piété et l'honnêteté chrétiennes fleuriraient aussi; cet appétit désordonné des choses périssables serait réprimé... Les chrétiens unis par les liens de la fraternité s'aimeraient entre eux et ils auraient pour les pauvres et les indigents, qui sont l'image de Jésus-Christ, le respect convenable. » (*Encycl.* du 17 sept. 1883.)

Le Tiers-Ordre a entendu cet appel, à lui particulièrement adressé. Pour y répondre, il est venu se réchauffer au foyer du Cœur de Jésus. N'est-ce pas là que se trouve l'unique remède au mal dont il s'agit? C'est en vain qu'on le chercherait en diverses combinaisons trop froides, trop étroites et trop matérielles pour réunir les âmes. La lutte est ouverte entre le capitalisme des puissants et le collectivisme des prolétaires. Les uns disent: tout droit vient par l'*argent* de celui qui paie ; les autres répliquent avec force : non, il est dans le *travail* de celui qui produit. On oublie trop souvent des deux côtés la vraie solution évangélique : « *Quærite primum regnum* Dei *et justitiam ejus.*—Cherchez d'abord le royaume de Dieu et sa justice. » (Matth. VI, 33.) Rien ne réunira les classes divisées, sinon la *charité* divine « qui ne peut être suppléée par aucune industrie humaine, parce qu'on ne la puise que dans le Cœur Sacré de Jésus-Christ. » (*Encycl.* sur la condit. des Ouvriers, 15 mai 1891.) C'est ce qu'ont bien compris les Tertiaires ; et cette grande pensée, quoi qu'on ait prétendu, est celle qui anime tous leurs nobles efforts, auxquels nous applaudissons [1].

Paray-le-Monial était tout désigné pour être la première étape, — je dirais mieux, le mont Alverne, — de ces vaillants chrétiens qui, à l'exemple de leur bienheureux Père François, vont jeter dans le monde le feu sacré de l'amour de Dieu et du prochain. D'autant que la B. Marguerite-Marie, dont la vocation avait été d'abord dirigée et soutenue par un religieux franciscain, eut plus tard révélation que le saint d'Assise comptait parmi les plus grand amis du Cœur de Jésus. « Un jour de Saint-François, écrit-elle, à mon oraison, Notre-Seigneur me fit voir ce grand saint revêtu d'une lumière et splendeur incompréhensible, élevé dans un éminent degré de gloire au-dessus des autres saints, à cause de la conformité qu'il a eue à la vie souffrante de notre divin Sauveur, et de l'amour qu'il avait porté à sa sainte Passion, qui avait attiré ce divin Amant crucifié à l'imprimer en lui par l'impression de ses plaies sacrées, ce qui l'avait rendu un des plus grands favoris de son Sacré Cœur, qui lui a donné un grand pouvoir pour obtenir l'application efficace du mérite de son sang précieux, le rendant en quelque façon distributeur de ce trésor. » (*Contemp.* I, p. 281. — Cf. I, 54 ; II, 360.)

---

[1]. Ce doit être bien à tort qu'on a attribué à l'École franciscaine de voir dans le *prêt à intérêt* la cause principale de notre crise sociale. Il est impossible de confondre l'intérêt perçu légitimement pour la raison du « bien commun » avec l'usure dévorante, — *usura vorax*, — que Léon XIII *ajoute* aux autres causes, et qu'il condamne à nouveau très justement. Il ne peut être ici question que de l'abus, et non d'un usage raisonnable et modéré. C'est ainsi qu'une personne de bon sens n'a jamais songé à faire arracher toutes les vignes, en prenant motif des cas plus ou moins fréquents d'ivrognerie.

Les séances du Congrès se tenaient dans l'établissement des Frères des Écoles chrétiennes. Ces réunions ont été particulièrement vivantes et pratiques, pieuses et ferventes. En pouvait-il être autrement à quelques pas du sanctuaire

S. François d'Assise en extase devant le Saint-Sacrement : Guido Reni
(collection du Hiéron).

des apparitions? Entre les autres, le R. P. Jules, Commissaire-président, et le R. P. Ferdinand, Provincial, représentaient le *premier* Ordre séraphique, tandis que M. l'abbé Garnier, M. de Castelnau, M. Léon Harmel avaient apporté leur précieux concours de dévoués *Tertiaires*. Ce dernier s'est multiplié pendant les trois jours du Congrès, pour aller bientôt en faire autant à Novare, en Italie. L'an dernier déjà, il avait été l'âme de la commission d'études préparatoires, réunie au Val-des-Bois, ce qui lui avait valu, de la part de Léon XIII, les plus élogieux témoignages en faveur de « sa piété, de sa foi et de son attachement le plus sincère au siège apostolique. » (*Lettre* du 4 août 1893.) On sait qu'il avait eu le bonheur de donner ici-même, à Paray, au *second Ordre* des Clarisses, sa fille bien-aimée, qu'une adorable Providence conduisait ensuite à Nazareth, pour y mourir près de l'atelier de Jésus-Ouvrier.

Avant d'émettre ses conclusions, le Congrès « se place d'une façon spéciale sous la protection du sacré Cœur de Jésus, source de tout amour, de toute justice et de toute charité. Il se souvient des promesses faites par lui à ceux qui travaillent à l'établissement de son *règne social* parmi les hommes. » (*Univers*, 16 sept. 1894.) Les douze Vœux, qui suivent ce magnifique prologue, tendent à provoquer, par les Tertiaires, une action sociale vraiment chrétienne. A cette grande œuvre sont convoquées toutes les bonnes volontés. Et certes nous voudrions qu'elles s'unissent sans retard dans un commun effort. Si, comme le raconte l'histoire de l'Ordre séraphique, le nom de « *Mineurs* » a été donné à ces religieux à cause de leur dévouement pour la multitude des pauvres et délaissés, des *moindres* gens, que Jésus aime, nous sommes tous, à ce titre, des « Frères mineurs. » Puisons largement la charité à la source du Sacré Cœur, puisque c'est là, à n'en pas douter, qu'est l'unique remède. Le Souverain Pontife nous l'a répété de même il y a juste un an : « Comme le principe régénérateur de la société chrétienne a été l'amour de ce Cœur divin, il faut aussi que le même amour en soit le principe restaurateur. C'est un sentiment que nous avons d'autres fois déjà exprimé ; le salut désiré doit être principalement le fruit d'une grande effusion de charité, de cette charité chrétienne,

Le monastère des Clarisses, à Paray-le-Monial.

qui est la synthèse de l'Évangile et le plus sûr antidote contre l'égoïsme de notre siècle. Or, cette charité a sa source dans le Cœur divin du Rédempteur, d'où elle jaillit pour le salut du monde. » (Alloc. Pontif. du 11 oct. 1893 aux Délégués de l'*Apostolat de la Prière*.)

ORATOIRE DU PENSIONNAT DU COEUR PRIANT DE JÉSUS

Voici une nouvelle qui réjouira les Associés de la l'Apostlat de la Prière. C'est que nos « chers Frères » des Écoles chrétiennes, les mêmes qui ont donné l'hospitalité aux Congressistes du Tiers-Ordre, sont en train d'édifier un Oratoire au *Cœur priant de* Jésus. Ils agrandissent aussi leur pensionnat, qu'ils veulent placer sous le même vocable. Ce sera, si je ne me trompe, le premier établissement d'instruction publique qui ait pris ce nom de foi et de piété. Mais on sait que l'église de Vals, près Le Puy, qui fut, il y a un demi-siècle, le berceau de nos Œuvres, porte ce titre depuis l'achèvement de l'édifice. On ne pouvait mieux faire que de transférer à Paray cette idée et cette dévotion.

À droite des grands arbres de l'avenue de Charolles, au milieu de « la terre des anciens Moines», dont elle a gardé le nom, s'élève le bâtiment qui était hier bien modeste et qui devient presque imposant. L'Oratoire occupera le pavillon le plus rapproché de la grand'route. Ce sera un vrai reliquaire ; car les pierres dont il est construit formaient l'ancien mur d'enceinte de la Visitation. Le jardin du couvent est tout près. Elles ont reçu, ces pierres, le reflet des apparitions divines, elles ont entendu l'écho des voix célestes, elles ont vu les extases de Marguerite-Marie. Qui n'admirerait la Providence par laquelle Dieu a voulu qu'elles fussent employées au sanctuaire du *Cœur priant de* Jésus? Tandis que les enfants de Paray prieront là avec leurs maîtres, jusqu'à présent si dévoués, Notre-Seigneur sera dans son tabernacle, « toujours priant pour intercéder en notre faveur » (Heb. VII. 25); et ces « pierres élèveront leurs cris, *lapides clamabunt,* » pour redire : louange, gloire, reconnaissance à Dieu et aux hommes !

C'est que pour bâtir il a fallu frapper à bien des portes, qui heureusement ne sont pas toutes restées closes; mais je crois que l'espérance est encore le plus solide fondement de l'édifice. Ne fallait-il pas que Paray-le-Monial conservât son école chrétienne? Pour un peu il l'aurait perdue. Nous devons son maintien à l'esprit de zèle et de confiance en Dieu de ces « *chers Frères,* » qui restent, avec les *petits Frères de Marie,* les *Frères du Sacré Cœur,* les *Frères de Ploërmel* et tant d'autres Congréganistes, les meilleurs soutiens de l'éducation religieuse de notre bon peuple de France. Par ce temps de démocratie, leur rôle est important entre tous, puisqu'ils forment cette nombreuse classe des faibles, d'où

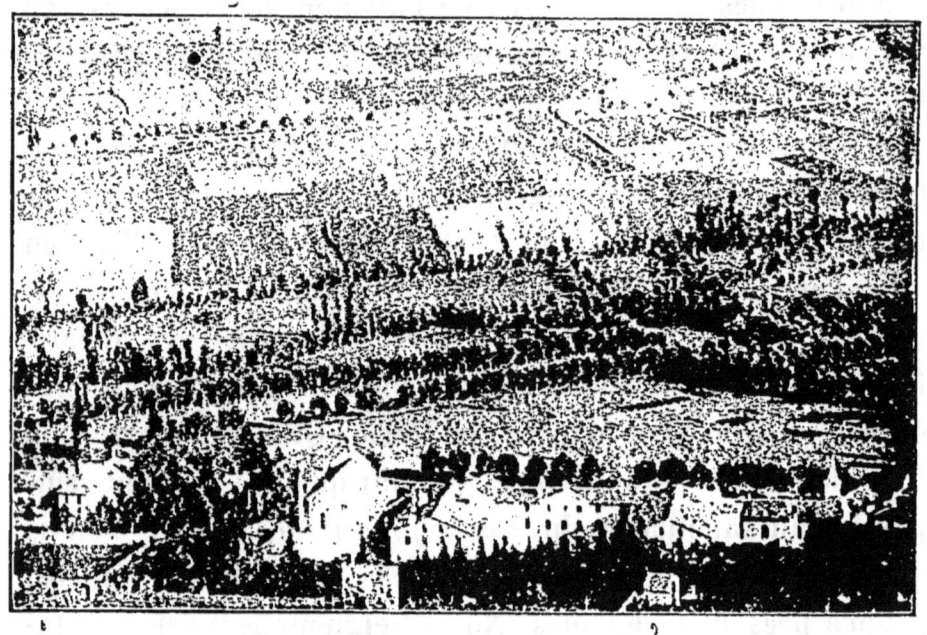

Vals près Le Puy (Haute-Loire). Église du Cœur priant de Jésus.

s'élèvent déjà les puissants du jour. Je sais qu'à Paray nos Frères des Écoles chrétiennes voudraient offrir aux plus pauvres une école *gratuite.* Mais, pauvres eux-mêmes, ils ne l'ont point pu jusqu'à cette heure, malgré la nécessité, qui semble s'imposer. C'est que la cité du Sacré Cœur qui est, dans le monde catholique, une capitale du bien, est particulièrement en butte aux menées perfides de la cité du mal. Nous reviendrons peut-être sur ce sujet. En attendant, il fallait signaler à nos Associés ce collège et ce *sanctuaire du Cœur priant de Jésus.*

Personne ne devra s'étonner du titre de « Cœur priant, » qui n'est pas nouveau pour les lecteurs du *Messager*. Il est rigoureusement vrai que Notre-Seigneur, en tant qu'homme, *prie* dans les cieux aussi bien qu'il faisait sur la terre. Sans doute qu'il a comblé ici-bas la mesure de ses mérites, en souffrant et en mourant pour notre salut; mais il en demande sans cesse l'*application*, jusque dans la gloire et la félicité

Pensionnat du Cœur priant de Jésus à Paray (en construction).

inaltérables de son triomphe. C'est là ce rôle sublime de Pontife suprême que saint Paul a si parfaitement décrit : « Le Christ Jésus, dit-il, mort pour nous, et de plus ressuscité, est à la droite de Dieu, où il *intercède* encore en notre faveur. » (Rom. VIII, 34). Le *Cœur de Jésus* prie pour nous, en tant qu'il est l'organe, ou du moins le symbole vivant de l'amour infini par lequel nous avons été rachetés. N'est-ce pas le « cri du cœur » qui est la meilleure des prières, selon saint Augustin : « *Corde clamandum est* ». D'ailleurs, pour employer la belle sentence du cardinal Pie, « le Cœur de Jésus c'est tout Jésus, et Jésus n'est rien sans son Cœur. » Voilà pourquoi le *Messager* représente en tête de ses livraisons mensuelles l'image du « Cœur priant », comme le divin modèle de l'Apostolat de la Prière. Aussi bien, le nouvel oratoire de Paray-le-Monial sera-t-il, nous l'espérons, un centre fervent de propagande pour cette belle et grande Œuvre.

La Communion réparatrice ne sera pas oubliée, puisque ses armes combinées avec celles de l'Apostolat seront gravées sur la pierre, au frontispice du bâtiment. Nous en recevions tout à l'heure l'aimable confidence. Tous les efforts du pieux Directeur et de ses Frères tendront à développer parmi les jeunes gens du pensionnat l'esprit de *prière* et de *réparation*. Cet exemple venu de Paray sera suivi, nous n'en doutons pas, par d'autres écoles de nos chers Instituteurs congréganistes. Ils sont tous très dévoués au Cœur de Jésus. Qu'ils inspirent donc aux milliers et aux milliers d'enfants et d'adolescents, qui sont sous leur direction, *cette charité divine* que l'on puise dans l'Eucharistie, où le Sacré Cœur « a caché ses ineffables richesses. » Par là, ils formeront des hommes et des chrétiens, et ils contribueront ainsi puissamment à résoudre, pour leur part, ce qu'on nomme la question sociale.

Décembre 1894.

LA RÉPARATION ENVERS L'EUCHARISTIE ET POUR LES MORTS

D'APRÈS

LES RÉVÉLATIONS FAITES A LA BIENHEUREUSE MARGUERITE-MARIE

Nous avons eu cette année une très belle fête de la Bienheureuse. C'était le 17 octobre, qui est, comme on sait, l'anniversaire de son glorieux trépas. — Mgr Perraud, évêque d'Autun, était présent avec deux de ses vicaires généraux. Ils ont fait les prédications. M. Gauthey, dont la parole est toujours abondante et facile, donnait le *Triduum* pour la cinquième fois. M. Planus a prêché, avec l'onction qui le distingue, pour l'inauguration du Chemin de croix dans l'enclos des Chapelains.

Un temps superbe s'était mis de la partie. A midi, le plus brillant des soleils d'automne dorait les feuilles déjà roussies par les premiers froids de la matinée. Beaucoup de pèlerins, dont une centaine de prêtres, sont accourus de toutes parts. La vénérée chapelle des Apparitions n'a presque pas cessé d'être remplie. Nombreuses ont été les messes et les communions, dont plusieurs, nous l'avons su, furent faites par nos Associés en esprit de réparation. Le jour ne pouvait être mieux choisi.

Les étrangers étaient assez rares. C'est plutôt l'élément des campagnes environnantes qui domine en cette occasion. On dirait que la vieille terre charolaise, qui a produit cette fleur mystique, dont le nom est Marguerite-Marie, s'émeut annuellement, comme une mère au souvenir de son enfant. La foi des meilleurs temps semble se réveiller dans les âmes. Vous les reconnaissez, ces hommes du pays, à la taille forte et assez élevée, qui portent d'ordinaire une longue blouse grise. Les paysannes paraissent plus nombreuses. Leur petit bonnet blanc, si finement brodé, et leurs simples habits de laine aux couleurs mates, devaient sans doute composer le modeste costume de la Bienheureuse, quand elle vint de Vérosvres, pour entrer au couvent de « Sainte-Marie, » à Paray-le-Monial.

De toute la région l'on s'empresse aujourd'hui pour honorer, fêter et prier l'humble fille du Charolais, qui a entendu la voix du Bon Dieu et révélé au monde les ineffables mystères d'amour du Sacré Cœur. C'est que la châsse étincelante d'or et de pierreries, où elle repose doucement, va être cachée ce soir, selon l'usage, sous la pierre du Maître-Autel. On ne la reverra plus qu'au printemps prochain. Avant donc qu'elle disparaisse aux regards, petits et grands, jeunes et vieux ont voulu contempler encore et supplier la « *bonne sainte.* »

DOCTRINE DE LA BIENHEUREUSE SUR LA RÉPARATION

Celle que le peuple nomme ici « la Sainte » est aussi — comme il a été dit dans son dernier panégyrique — une grande mystique et « maîtresse en sainteté. » Il est certain que, pour les fidèles qui croient aux révélations de Paray, les écrits de notre Bienheureuse ont une valeur *positive* très considérable. Il y a là tout un ensemble de doctrine puisée à la source du Cœur de Jésus. A notre humble avis, cela permettrait de placer Marguerite-Marie à la suite de sainte Thérèse. On sait que les Espagnols ne craignent pas d'accorder le titre de Docteur à la réformatrice du Carmel.

Sans aller aussi loin, on peut tout au moins proposer aux croyants des enseignements d'ailleurs très conformes à l'esprit de l'Église, et qu'elle a déclarés « exempts de toute censure ». A cela se borne, en toute rigueur, le jugement de révision des *écrits* dans les causes de Béatification (Voir *Benoît XIV*, lib. II, cap. xxviii); et il n'y a rien eu de plus pour ceux de la vierge de Paray. (*Décret* sur l'Ensemble des Écrits, II, 572.)

Il est hors de doute qu'aucun dogme nouveau n'est jamais sorti, ni ne peut sortir des révélations particulières. Toutefois, il n'en est pas moins vrai que ces lumières peuvent, sinon inspirer, du moins guider et éclairer, dans les points obscurs, la saine théologie catholique. Et de fait, pourrait-on nier que les communications du Cœur de Jésus à la B. Marguerite-Marie n'aient exercé une grande influence sur la *dévotion* moderne, et par conséquent sur *les doctrines* qui en sont la base ? Non pas certes qu'il y ait aucune innovation en matière de foi. Mais ce qui avait été laissé dans l'ombre s'est trouvé placé dans un jour plus manifeste, dont le théologien a bien le droit de se servir, en s'adressant aux fidèles.

C'est ce que nous avons fait souvent dans les « Échos de Paray, » et le cas se présente de traiter de même en passant une question fort importante. Il nous est revenu que quelques personnes, bien intentionnées sans doute, mais mal éclairées, s'effarouchaient d'entendre parler de *réparation*, et surtout de *consolation*, à l'égard de Jésus-Christ. On serait allé jusqu'à dire que « Notre-Seigneur n'est pas plus affecté d'une communion sacrilège que d'une communion bonne ». La raison sur laquelle on s'appuie est que l'état de béatitude, dont il jouit, le rend *insensible* au bien et au mal.

Prise à la lettre, cette proposition tendrait à nier le fondement de la Communion réparatrice, comme aussi à détruire l'un des caractères principaux de la dévotion au Sacré Cœur. Il semble, en effet, que l'Œuvre de la Bienheureuse a surtout pour but la réparation des outrages faits au Cœur de Jésus dans l'Eucharistie. L'Église l'a ainsi compris. Nous lisons à la cinquième leçon du Bréviaire romain, pour la fête de Marguerite-Marie : « Parmi les diverses apparitions, la plus célèbre fut celle où, étant en prière devant le Saint-Sacrement, Jésus lui apparut et lui montra son divin Cœur tout embrasé de flammes et entouré d'épines, et lui ordonna, qu'en vue d'un si grand amour et pour *réparer* les injures des hommes ingrats, elle fît établir un culte public à son Sacré Cœur. » (Brev. rom. *Suppl.* 17 oct.)

Le texte de la Bienheureuse est plus explicite et la demande du Sauveur s'y trouve ainsi formulée : « Je te demande que le premier Vendredi d'après l'octave du Saint-Sacrement soit dédié à une fête particulière, pour honorer mon Cœur, *en communiant* ce jour-là, et en lui *faisant réparation* d'honneur par une amende honorable, pour réparer les indignités qu'il a reçues pendant le temps qu'il a été exposé sur les autels. » (*Vie et Œuv.* II. 414.) On sait qu'ailleurs il est question de « communier dans le même but, autant de fois que l'obéissance le voudra permettre ».

Voilà bien de quoi appuyer notre Œuvre, d'autant que la *réparation eucharistique* est aussi une conséquence immédiate du dogme catholique de la Communion des Saints, par laquelle nous sommes tous unis à Jésus-Christ, comme les membres à leur chef. Mais le point délicat à éclaircir est celui-ci : Notre-Seigneur est-il tout à fait *insensible* à raison de son état glorieux ? Non, car l'impassibilité n'est pas l'insensibilité. Jésus-Christ ressent au ciel et au Saint-Sacrement, pour les *bonnes* œuvres faites par les fidèles, une *joie* particulière, que la Théologie appelle *accidentelle*, afin de la distinguer de la félicité *essentielle*, qui consiste en la jouissance de la vision béatifique de Dieu. On voit que nous parlons ici de la sainte humanité du Sauveur. Une bonne Communion lui procure donc cette *joie*, tandis qu'une mauvaise l'en *prive*. Là déjà peut se placer une sorte de réparation, puisque Notre-Seigneur a droit qu'on lui fasse plaisir.

Quand il s'agit du *mal*, la question paraît plus difficile à résoudre. Il va sans dire que, comme Dieu et comme homme, Jésus-Christ *déteste* ce mal. Mais y a-t-il, à cette occasion, dans son âme et dans son corps, quelque tristesse ou douleur ? Non sans doute, si l'on entend ces sentiments dans le sens *formel*, qui suppose l'appréhension de la souffrance physique ou morale, que tous les théologiens, avec saint Thomas, considèrent comme incompatible avec l'état glorieux. Au contraire, on peut très bien dire, selon le cardinal de Lugo, qu'il y a douleur et tristesse *objective*, c'est-à-dire tout ce qui serait capable de faire souffrir. « *Non patitur potissimum eo quod tristatur, sed eo quod habeat de quo tristetur.* » (*De Incarn.* disp. xxii, sect. ii, n° 18.) Une comparaison nous vient à l'esprit, qui expliquera mieux cette pensée. Vous voyez un homme juste et innocent qu'on méprise, qu'on couvre de blessures sanglantes... A vos yeux, cet homme *souffre* et il lui est fait *injure*. Vous en aurez compassion, quoique vous sachiez qu'il est dans un état d'anesthésie complète.

Il nous semble que c'est là une manière d'expliquer certaines apparitions, où Notre-Seigneur a apparu aux Saints, comme s'il souffrait *présentement*. En voici un exemple tiré des Œuvres de la bienheureuse :

Notre Dame de Pitié
(Email de la collection
du Hiéron).

« Dans le temps du carnaval, il se présenta à moi sous la figure d'un « *Ecce Homo*, » chargé de sa croix, tout couvert de plaies et de meurtrissures. Son sang adorable découlait de toutes parts, disant d'une voix triste : N'y aura-t-il personne qui ait pitié de moi et qui veuille compatir et prendre part à ma *douleur*, dans le pitoyable état où les pécheurs me mettent, surtout *à présent?* Et je me présentai à lui, me prosternant à ses pieds sacrés avec larmes et gémissements. » (*Contemp.*, II, 427.)

On préférera peut-être rapporter ces représentations à la douleur que Notre-Seigneur a ressentie réellement et *formellement* pendant sa vie mortelle, pour les outrages qu'il reçoit encore maintenant, car il les prévoyait et les ressentait à l'avance... Dès lors, nos réparations actuelles l'ont *consolé* aussi ; et ce n'est pas en vain qu'il nous les demande et que nous les lui offrons, à mesure que les crimes s'opèrent parmi les hommes.

L'Esprit-Saint parle, dans l'Écriture, comme si les pécheurs

« *crucifiaient* à nouveau Jésus-Christ, » (Héb. VI, 6) et l'Église introduit dans l'Office du Sacré Cœur de nombreuses expressions, qui se rapportent évidemment à la *douleur* du divin Maître et à la *consolation* que nous pouvons lui accorder. Il est dit en particulier, dans une antienne de Laudes : « Selon la multitude des *douleurs* qui sont dans mon cœur, vos *consolations* ont réjoui mon âme. » (Cf. Ps. XCIII, 19.)

Rien donc de plus légitime que d'employer ce langage, qui a un sens très vrai. Efforçons-nous de réparer, par nos bonnes œuvres et nos ferventes communions, les innombrables outrages, qui en s'augmentant toujours appelleraient la vengeance divine. Tel est le vœu du Cœur de Jésus, et cela nous suffit.

LA FÊTE DES MORTS A PARAY-LE-MONIAL

Il y a bientôt mille ans qu'elles s'agitent, les cloches de Paray-le-Monial, qui invitent les fidèles vivants à prier pour les pauvres défunts. Nous lisons, en effet, dans les vieilles chroniques que saint Odilon, abbé de Cluny, qui avait un zèle particulier pour le soulagement des âmes du Purgatoire, ordonna que la commémoration des morts fût célébrée le lendemain de la fête de tous les saints dans les monastères de sa dépendance. Le prieuré de Paray était de ce nombre, et nous savons que le saint abbé le visita plusieurs fois. Il y fit même éclater la vertu miraculeuse, dont Dieu l'avait doué.

Le décret abbatial en faveur des défunts est de 998. (Biblioth. Cluniac. col. 338.) « Il y est ordonné que, comme on célèbre dans l'Église universelle la Toussaint, on célébrera à Cluny la mémoire de tous les fidèles trépassés. Ce jour-là après le chapitre, le doyen et le cellérier donneront du pain et du vin en aumône à tous ceux qui se présenteront, ainsi qu'il se pratique le Jeudi-Saint. De plus on abandonnera à l'aumônier, pour les pauvres, tout ce qui restera du dîner du monastère, excepté le pain et le vin, dont ils sont déjà pour-

Intérieur de la Basilique
(Ancienne Eglise de l'ordre de Cluny).

vus. Après les secondes Vêpres de la Toussaint, on sonnera toutes les cloches, et on dira les Vêpres des morts. Le lendemain, on sonnera toutes les cloches, on chantera les matines et les prêtres célébreront la messe pour les fidèles défunts. » (Voir *Légend. d'Autun*, II, 408.)

Ce touchant usage de la Commémoration générale des Trépassés alla de Cluny en Angleterre, où nous le trouvons établi dès 1222, sous le nom de *Fête des âmes*. (Concile d'Oxford.) Plus tard il fut adopté dans toute l'Église. Mais encore, sur ce point, Paray avait été privilégié, et il fut un des premiers foyers de cette consolante dévotion de la prière *générale* pour les morts. Il va sans dire qu'à tous les âges chrétiens on a partout prié dans ce sens. Tertullien le proclame en Afrique, dès le deuxième siècle ; et il en est fait mention dans les liturgies les plus vénérables par leur antiquité.

Paray-le-Monial a conservé toute la ferveur de son ancien culte pour les défunts. La vieille église paroissiale des Grenetières n'est plus entourée que de tombes. Mais du moins ici elles ont toutes conservé le caractère hautement chrétien. Et de quels soins ne sont-elles pas entourées ! Ce qui vaut encore mieux, on vient souvent s'agenouiller et prier ; on fait offrir le Saint-Sacrifice pour le soulagement des chères âmes en souffrance. D'ailleurs, l'antique patronne des Parodiens, la Vierge Marie est là, au milieu de tous ses morts, sous les traits de Notre-Dame de Pitié. Oh oui ! vous qui pleurez sur la terre, et vous qui gémissez au Purgatoire, ayez confiance en la protection de celle qui s'appelle si bien « la Consolatrice des affligés ! »

La B. Marguerite-Marie a ajouté, ce semble, à la dévotion antique, en se faisant « victime » auprès du Sacré Cœur pour les âmes « souffrantes ». Elle avait une soif ardente de les soulager, au prix même des plus grandes douleurs. C'est là un des caractères de sa vie, sur lequel nous aurions voulu insister davantage ; mais la place nous manque pour cette fois. Il y a dans ses œuvres toute une doctrine sur cet intéressant sujet.

Écoutons-la d'abord parler, avec une charité débordante, de ces âmes bien-aimées. « Je fus comme toute environnée de ces pauvres souffrantes, avec lesquelles j'ai contracté une étroite amitié ; et Notre-Seigneur me dit qu'il me donnait à elles toute cette année, pour leur faire tout le bien que je pourrais. Depuis, elles sont souvent avec moi et je ne les nomme plus que mes amies souffrantes. Mais il y en a une qui me fait bien souffrir. » (*Contemp.* II, 16.)

En effet, il y a lieu d'être terrifié à lire le récit des souffrances que la victime volontaire endura pour soulager plusieurs personnes, d'ailleurs vertueuses, et dont quelques-unes avaient été engagées dans la vie religieuse. « Je vous demande, écrit-elle, des secours pour notre pauvre Sœur, M. H., pour laquelle, dès le commencement de l'année, j'ai offert tout ce que je pourrai faire et souffrir. Elle ne m'a point donné de repos que je lui aie fait cette promesse de faire pénitence pour elle, me disant qu'elle souffrait beaucoup, particulièrement pour trois choses ; la première, pour trop de délicatesse et mollesse du corps ; la deuxième, pour les rapports et manquements de charité ; la troisième, pour certaines petites ambitions. Je vous demande pour elle quelque charité, vous avouant que je ne me souviens pas d'avoir encore passé une semblable année, pour le regard de la souffrance : car il me semble que tout sert d'instrument à la divine justice pour me tourmenter. C'est un tourment toujours qui n'a point de remèdes que des croix,

Les âmes du Purgatoire délivrées par le Saint-Sacrement
(Collection du Hiéron).

des humiliations, des peines sous lesquelles je succomberais mille fois, si sa bonté ne me soutenait extraordinairement. » (I, 298.) « Le Sacré Cœur donne souvent sa chétive victime aux âmes du Purgatoire, pour les aider à satisfaire à la divine justice : c'est dans ce temps que je souffre une peine à peu près comme la leur, ne trouvant de repos ni jour, ni nuit. » (I, 298-299.)

Mais aussi le Cœur de Jésus a une vertu particulière pour soulager les membres de l'Église souffrante. C'est une consolante espérance à ajouter aux « promesses de Paray. » Marguerite-Marie écrit en effet à la Mère de Saumaise : « Si vous saviez avec combien d'ardeur ces pauvres âmes demandent ce *remède nouveau*, si souverain à leurs souffrances, car c'est ainsi qu'elles nomment la dévotion au divin Cœur, et particulièrement *les messes* en son honneur. » (II, 207.) Tout ce qui passe par les flammes du Sacré Cœur a donc une plus grande puissance pour attendrir la miséricorde divine.

Il faut dire ici que les révélations faites à la Bienheureuse sont plutôt conformes à cette opinion théologique, qui veut que les bonnes œuvres et satisfactions offertes, par mode de suffrage, pour les défunts, n'aient pas toujours un effet infaillible et comme de *justice*. Les Docteurs qui pensent ainsi, dit Suarez, « font une distinction entre les âmes du Purgatoire. Les unes ont mérité, pendant leur vie, que les suffrages qui leur seront appliqués après leur mort aient leur effet, selon le mérite, qui n'est d'ailleurs pas égal en toutes... On peut supposer que ce sont celles qui ont eu une dévotion spéciale au soulagement des trépassés. Mais d'autres âmes n'ont pas le même mérite, et pour celles-là, les suffrages n'ont d'effet que par la miséricorde de Dieu, implorée encore par une prière fervente. » (*De Pœn.* disp.

28. Sect. 6, n. 3.) Cette doctrine s'appuie aussi sur l'autorité de saint Augustin.

Entre les autres exemples cités dans la *Vie de Marguerite-Marie*, il est rapporté que « priant pour deux personnes, qui avaient été en considération dans le monde, l'une lui fut montrée comme condamnée pour de longues années aux peines du Purgatoire, toutes les prières et suffrages qui étaient offerts à Dieu pour son repos étant appliqués par la divine justice aux âmes de quelques familles de ses sujets, qui avaient été ruinées par son défaut de charité et d'équité à leur égard. » (I, 302.) C'est dans ces sortes de cas que l'intercession et les satisfactions de la servante de Dieu obtenaient, à force d'instances, quelque rémission de peine.

La justice divine, si rigoureuse qu'elle soit, fléchit devant les supplications des saints. N'oublions pas que le secours du Sacré Cœur paraît « *souverain* » pour la prompte délivrance du Purgatoire. Recourons donc à ce « *remède.* » Un pieux institut a été fondé de nos jours, sous le titre d'*Auxiliatrices des âmes du Purgatoire*. On en a fait un éloge complet en disant qu'il est « une pensée d'amour sortie du Cœur de Jésus ». Oui, le divin Cœur nous invite tous à faire miséricorde aux vivants et aux morts : « *Bienheureux les miséricordieux, car ils obtiendront eux-mêmes miséricorde !* »

Janvier 1895.

VŒUX ET ESPÉRANCES POUR LA NOUVELLE ANNÉE

LOURDES ET PARAY-LE-MONIAL

Comme partout ailleurs, le renouvellement de l'année provoque à Paray un doux échange d'aimables souhaits. C'est l'occasion de remplir de pieux devoirs et de donner d'affectueux témoignages. Petits et grands, riches et pauvres n'y manquent pas. Le monde appelle cela politesse ; n'est-ce pas plutôt charité ? Du moins ce motif devrait-il inspirer tous nos vœux, pour les rendre plus efficaces par la grâce de Jésus-Christ.

Nos saints n'ont pas manqué de suivre l'usage universel. Mais en place des banalités vulgaires, des fades compliments et des souhaits platoniques, ils se sont adressé les uns aux autres des choses charmantes, qui exhalent un parfum exquis de foi et de sincérité. C'est Dieu qui, au seuil de janvier, nous ouvre dans sa bonté une nouvelle série de jours. Seront-ils heureux ou malheureux ? Lui seul le sait et peut le déterminer à l'avance. Ce qui dépend de nous et importe avant tout le reste, c'est l'accomplissement de la sainte volonté divine, dans la bonne comme dans la mauvaise fortune. Là est le secret du vrai bonheur, plutôt que dans ces formules presque toujours flatteuses et souvent mensongères, où l'on nous promet tout, sans pouvoir rien tenir.

La B. Marguerite-Marie écrivant à la Mère de Soudeilles, qui fut supérieure du célèbre monastère de la Visitation à Moulins, lui exprimait ainsi ses vœux de bonne année, en janvier 1683 : « Le devoir, joint à l'amitié pleine d'estime et de respect, que Notre-Seigneur me donne pour votre Charité, m'engage à ne pas entrer plus avant dans cette nouvelle année, sans venir vous la souhaiter pleine de grâces et de bénédictions, qui vous sont nécessaires pour accomplir parfaitement la très sainte volonté de Dieu dans tout ce qu'il désire de votre Charité, puisqu'en vérité il me semble que tout le bonheur d'une âme consiste à se rendre conforme à cette adorable volonté. C'est là où notre cœur trouve sa paix, notre esprit, sa joie et son repos, puisque celui qui adhère à Dieu fait un même esprit avec lui. Et je crois que c'est là le vrai moyen de faire notre volonté ; car son amoureuse bonté se plaît de contenter celle où il ne trouve point de résistance. Au contraire, ceux qui lui résistent, il leur rend toutes choses contraires ; il ferme l'oreille à leurs demandes, il les regarde sans compassion, et son Sacré Cœur se rend insensible à leurs nécessités. » (*Contemp.* II, 73.)

Voilà qui dit beaucoup avec peu de paroles. En méditant ces lignes et en pratiquant ce qu'elles enseignent, l'on se préparerait « sûrement » une bonne et sainte année. C'est celle que nous souhaitons à nos lecteurs, avec la grâce souveraine du Cœur de Jésus.

Les Associés de la Communion réparatrice n'entreront pas dans les jours de 1895, sans avoir jeté un regard vers le flot désormais écoulé de 1894. Ils remercieront Dieu pour les bienfaits reçus ; mais ils demanderont aussi pitié et pardon pour le mal qui s'est accompli. Hélas ! nous ne pouvons le dissimuler, il y a eu, à travers le monde, comme un redoublement de blasphèmes, de crimes et de sacrilèges. Pour ne parler que de notre pauvre et chère France, il est certain que nous recueillons les fruits amers de vingt ans d'impiété voulue et organisée. Attentats inouïs, suicides d'enfants, pratiques abominables : tout s'étale au grand jour sans presque susciter ni indignations, ni étonnement. A voir et à entendre ce qui se fait ou se dit *publiquement*, — et c'est la moindre partie, — il semblerait que la société soit toute prête à s'écrouler sous une explosion formidable. Ce serait la vengeance de Dieu. Mais, non ! Nous conserverons une ferme espérance dans les promesses du Sacré Cœur, qui « *règnera* malgré tous ses ennemis ». Si l'on y regarde de près, on reconnaîtra qu'il est en train de devenir « la pierre angulaire » d'un nouveau monde régénéré. Tandis que tout semble s'effondrer, lui seul reste avec sa puissance infinie et ses divins attraits. Donc, après avoir fait réparation et amende honorable pour le passé, nous nous confierons pour l'avenir à « la Miséricorde du Seigneur, qui a empêché notre ruine. — *Misericordiæ Domini, quia non sumus consumpti.* » (Jerem. Lam. III, 22.)

LES CAUSES DE LA B. MARGUERITE-MARIE
ET DU V. P. DE LA COLOMBIÈRE

Il est un double vœu qui nous tient tous bien à cœur et dont nos prières peuvent hâter la réalisation. Ce serait de voir aboutir prochainement les procès de canonisation pour la B. Marguerite-Marie et de béatification pour le Vén. Claude de la Colombière. Certes, la nouvelle année serait bénie à Paray entre toutes les autres, laquelle nous apporterait cette immense consolation. La France et l'univers catholique se

Eglise de S. Remy, à Reims.

réjouiraient, avec nous, de voir les deux apôtres du Cœur de Jésus exaltés dans un même triomphe. On dirait que la victoire finale est proche, puisque Dieu glorifie ceux qui l'ont d'abord annoncée et préparée. Oh ! que de douces espérances écloraient dans la sainte Église, si ce vœu venait bientôt à s'accomplir !

Mais le temps presse. Une année seulement nous sépare du grand anniversaire de Tolbiac, d'où Clovis, vainqueur grâce au

Tombeau de S. Remy entouré des statues des 12 pairs de France.
Groupe représentant le saint évêque catéchisant Clovis.

secours « du Dieu de Clotilde », s'en alla se faire baptiser par S. Remy à Reims. En 1896, la France célébrera donc le quatorzième centenaire de sa conversion au Christ, qui n'a cessé, dès lors, « d'aimer les Francs ». A cette occasion, le sanctuaire national de Montmartre sera achevé, comme on l'annonce. Il y aura, nous l'espérons, un mouvement splendide, un réveil général de la foi et de la générosité chrétiennes, dans notre vieille race. Mais Paray-le-Monial, d'où est sortie la voix qui a promis les bénédictions divines, en demandant « cet édifice », n'aurait-il pas sa petite part de gloire ? Il en serait sans doute frustré, si les premiers amis du Sacré Cœur restaient ici plus longtemps dans leur silence et leur obscurité. Au contraire, leur exaltation aurait encore cet avantage de fortifier notre confiance en la dévotion et aux promesses, dont ils ont été les apôtres et les hérauts choisis de Dieu.

Où en sont donc ces causes si chères ? D'après ce qui nous revient de divers côtés, l'on aurait encore répondu de Rome à un personnage éminent, qui sollicitait la canonisation de la Bienheureuse, que les miracles présentés ne suffisaient pas. On en voudrait de plus incontestables. La foi des croyants peut les obtenir, et à l'heure voulue par la Providence, nous ne doutons pas qu'elle ne les obtienne. Ne serait-ce point par une sublime déférence que Marguerite-Marie se récuse d'aller plus avant dans le chemin lumineux du triomphe, tant que le Père de la Colombière, son Directeur, qu'elle invoquait comme un « grand saint, » n'a point fait lui-même le premier pas dans cette voie ?

Ce qui pourrait confirmer cette conjecture, c'est la dévotion toujours croissante envers notre Vénérable. D'ailleurs, les merveilles se multiplient par « sa puissante intercession ». On nous écrivait hier encore, de J... (Haute-Saône), les lignes suivantes : « Veuillez faire célébrer une messe d'actions de grâces, pour une faveur obtenue par l'intercession du Vén. P. de la Colombière. Il y a quelques mois, je lui recommandai très instamment un religieux, atteint d'une maladie de poitrine. Depuis deux mois, le mal semble avoir complètement disparu. Honneur au Vénérable de la Colombière, dont la protection est très manifeste en cette circonstance ! Je lui demande d'obtenir aussi la guérison d'un père de famille, très gravement malade. »

Nous espérons bien que parmi toutes ces grâces, qui paraissent surnaturelles, la Sacrée Congrégation des Rites trouvera, sans trop de peine, les deux ou trois miracles qui sont nécessaires pour procéder à la béatification. (Cf. *Benoît XIV*, lib. I, cap vi.) Le R. P. Armellini, qui est postulateur général pour les causes des serviteurs de Dieu appartenant à la Compagnie de Jésus, exprimait naguère ses espérances. Après la cause du Vén. Bernardin Realino, celle du P. de la Colombière lui paraissait *la plus probable*. Comme la première est heureusement terminée, on peut croire que la seconde réussira de même. Que ce vœu s'accomplisse, par la grâce du Sacré Cœur ; et nous ne doutons pas que la B. Marguerite-Marie ne conquière, bientôt après, l'auréole plus brillante des *saints*.

LOURDES ET PARAY-LE-MONIAL

On a souvent rapproché ces deux noms : Lourdes et Paray-le-Monial, la cité de l'Immaculée Conception de Marie et la ville du Sacré Cœur de Jésus. Un certain nombre de pèlerins, que nous voudrions voir plus nombreux encore, ont l'excellente idée de se rendre d'un sanctuaire à l'autre. Ils touchent ainsi, si je ne me trompe, les deux pôles de la dévotion contemporaine. A Lourdes se manifestent, aux yeux du monde émerveillé, plus de miracles éclatants ; mais notre cher Paray procure peut-être aux âmes autant et plus de faveurs intimes de paix et de consolation.

Une aimable invitation, qui nous avait attiré aux « Noces d'or » de l'Apostolat de la Prière à Toulouse, nous a dirigé aussi vers les Roches Massabielles. Quel bonheur !... C'était en plein hiver, précisément à la veille de la fête de l'Immaculée Conception. Les sommets pyrénéens étaient couverts d'une neige sans tache, qui étincelait au soleil. A vrai dire, le Liban n'est pas plus beau; et les blancs flocons, symbole biblique de la candeur virginale de MARIE, éclatent avec autant de splendeur sur ces aiguilles et ces crêtes de France, que sur les cimes du Sanir et de l'Hermon.

La Mère de DIEU s'est montrée et elle a parlé à Lourdes, comme le Cœur de JÉSUS l'a fait à Paray. Dans les deux cas, la confidente était une humble vierge. Mais là-bas, c'était la toute-puissance *surnaturelle* qui voulait se manifester, en pleine époque de négation et d'impiété. « Je suis l'Immaculée Conception ! » Ces mots retentissaient comme un éclat de foudre, pour affirmer un dogme qui est le résumé et le sommet de notre symbole. Cependant il faut des preuves : elles vont se multiplier presque à l'infini. Les pieds de la Vierge toute pure, exempte du péché originel, ont touché ce coin de terre. Il semble dès lors que les merveilles de l'Éden vont s'y reproduire. Le plus simple des éléments, l'eau naturelle qui coule du rocher, guérira toutes les maladies et les infirmités humaines. Oh ! ils ont beau dire et écrire, les impies, Lourdes est leur solennelle condamnation.

En ce temps d'hiver, qui est partout une morte saison, je me trouvais presque seul pèlerin à prier dans ces vastes basiliques. Mais il est facile de comprendre que c'est la foi des foules innombrables qui les a fait surgir du sol, et cette grotte, où sont abandonnés en *ex-voto* les misérables étais de notre faiblesse et de notre caducité, offre à tous une preuve éloquente qu'ici un souffle surnaturel a passé. Il passera, nous l'espérons, de longues années encore, pour confondre nos modernes infidèles ; car ces signes divins sont surtout pour eux : « *Non fidelibus, sed infidelibus* ». (1 Cor. XIV, 22.)

Il est incontestable qu'à Paray les miracles sont plus rares. Mais aussi le but providentiel paraît-il tout différent ; et c'est le cas de dire encore, avec l'Apôtre, que « les révélations sont plutôt pour les fidèles que pour les infidèles : *Non infidelibus sed fidelibus* ». (*Ibid.*) Le Cœur de Jésus s'est manifesté à la Bienheureuse, afin de montrer davantage son « immense charité » pour les hommes. C'est pourquoi il leur donnera « les biens meilleurs, — *charismata meliora*, » de préférence à tous les autres. Les pèlerins qui viennent chercher dans nos sanctuaires la paix et la ferveur, le désir du salut et du zèle des âmes, s'en vont d'ordinaire comblés au delà de leurs espérances. Ils sont heureux de se trouver près de la fournaise d'amour du Sacré Cœur, et un grand nombre se sont ensuite surpris à répéter, sous une autre forme, ces paroles des disciples d'Emmaüs : « Oh ! que notre cœur était ardent dans nos poitrines, tandis qu'il nous parlait ! »

Oui, selon le témoignage de beaucoup, Jésus-Christ parle plus intimement aux âmes, dans la chapelle des Apparitions, que partout ailleurs. S'il y a moins de merveilles apparentes, il y a peut-être plus de grâces cachées. Qui pourrait contester que la dévotion au Sacré Cœur, dont l'origine est à Paray, ne soit la source féconde des plus abondantes bénédictions pour une multitude d'Œuvres? D'ailleurs, quand il le faudra, les miracles éclateront ; car Marguerite-Marie a assuré à ses novices « que lorsque la dévotion commencerait à se ralentir, Dieu ferait des miracles pour la renouveler. » (*Contemporaines*, I, 258.)

Heureusement, nous n'en sommes pas là. Le Cœur de Jésus est honoré plus que jamais ; mais il doit régner sur le monde entier. Les élites continueront à venir à Paray-le-Monial ; et, quand les foules seront soulevées par de grandes et généreuses pensées, elles y accourront aussi, comme on l'a vu dans les plus beaux jours de ce siècle. Ce mouvement peut partir de Lourdes pour aboutir à Paray. Ainsi s'accomplirait encore la maxime célèbre : *A* Jésus *par* Marie ! On verrait ainsi s'épanouir, sur la tige régénérée de la foi chrétienne, l'aimable fleur de la charité divine.

Février 1895.

LA COMMUNION RÉPARATRICE

IDÉE PROVIDENTIELLE ET PROJETS D'AVANCEMENT

C'est devenu une habitude de faire chaque année le compte rendu de la « Communion réparatrice ». Nous n'aurions garde de manquer à ce devoir, puisque nos chers Associés s'y attendent et peuvent y trouver un sujet d'édification et d'encouragement. Il est vrai que les « Échos de Paray-le-Monial » ont souvent donné quelques détails dans ce sens; mais les résultats obtenus seront mieux appréciés par un rapide coup-d'œil d'ensemble. D'ailleurs, nous ne regarderons un instant vers le chemin parcouru qu'afin de poursuivre notre but avec plus d'ardeur. En avant toujours ! Si le « *progrès* » est la loi générale de toutes les institutions, il doit l'être de la nôtre à un titre particulier. Car, à n'en pas douter, la mesure du mal s'augmente avec le siècle qui finit si péniblement; il faut donc, selon le mot de saint Paul, que la réparation « *surabonde* » par la grâce de Jésus Christ. « *Ubi abundavit delictum, superabundavit gratia.* » (Rom., V, 20.)

A ce point de vue, l'année 1894 semble avoir été excellente. C'était, on s'en souvient, le quarantième anniversaire de la fondation de notre OEuvre, tandis que l'Apostolat de la Prière célébrait sa glorieuse cinquantaine. Ces « Noces d'or » ont donné lieu partout à des fêtes splendides, dans lesquelles la Communion réparatrice avait sa belle part, puisqu'elle est désormais placée comme un fleuron précieux au couronnement de l'édifice. Les Associés de Paray se sont distingués pendant le *Triduum* des 30 juin, 1er et 2 juillet. Dans tout l'Univers chrétien, le Cœur de Jésus aura été consolé. C'est là une douce espérance que les bonnes nouvelles, qui nous arrivent de tous côtés, paraissent très bien confirmer.

Nous aurons à parler aujourd'hui, non pas tant de Paray-le-Monial que du rayonnement de notre OEuvre à travers le globe. Mais on ne peut oublier que le foyer en est ici même, par la volonté du Cœur de Jésus. Si petite qu'elle paraisse, notre cité est grande par les souvenirs qu'elle rappelle. Un prêtre éminent, venu dernièrement de l'étranger, lui donnait le nom de « capitale ». Le mot a sans doute besoin d'être expliqué. Il n'est que vrai, si l'on veut marquer l'origine et le centre d'une immense action chrétienne dans le monde entier.

IDÉE PROVIDENTIELLE DE LA COMMUNION RÉPARATRICE

La Communion réparatrice est une des branches de la dévotion au Cœur de Jésus. Elle est née des révélations faites à la B. Marguerite-Marie. Pendant deux siècles, cette idée n'avait produit aucun fruit particulier dans les âmes. Cependant le germe jeté par le divin semeur devait, après ce long sommeil, lever en son temps. L'homme providentiel fut le P. Victor Drevon, qui vint trouver son inspiration au sanctuaire de la Visitation, là même où le Sacré Cœur avait demandé des communions, en disant à sa servante : « Du moins, donne-moi ce plaisir de suppléer à l'ingratitude des hommes, autant que tu pourras en être capable. »(*Contemp.*, I, 108.)

Ce ne sera plus désormais une humble vierge qui répondra à ce désir. Mais ce sont des millions de fidèles de tout état et de toute condition, qui s'uniront dans la même pensée de réparation. Notre Œuvre a suscité un mouvement qu'un illustre Pontife a pu appeler « merveilleux ». L'an dernier, nous calculions qu'il y avait 80,000 communions par jour offertes à la justice de Dieu ; mais on a eu raison de remarquer qu'il faudrait plutôt en compter 100,000 et au delà. Nous voulions alors ne dresser qu'une échelle *minima*, pour défalquer les déchets possibles et même probables.

Pourquoi ce développement admirable à notre époque, qui paraît d'ailleurs si malheureuse? C'est que nous sommes arrivés, ce semble, au siècle où les forces vives se rapprochent et se condensent, pour une lutte terrible et peut-être finale entre le bien et le mal. Obéissant au souffle qui les entraîne, les individualités disparaissent afin de former en société des masses plus puissantes. N'avez-vous pas vu l'armée de Satan, qui se dresse menaçante contre le Christ et son Église ? Déjà le chef de la secte infernale s'est installé à Rome en face du Vatican, où habite le vicaire de notre Dieu. C'est la négation haineuse, l'odieux blasphème, l'impiété ouverte, le sacrilège organisé, qui retentissent et s'étalent de toutes parts. Ne fallait-il pas que tous les amis du Cœur de Jésus s'unissent à leur tour, pour réparer tant d'outrages ?

Et quel sera le point de ralliement, sinon le Sacrement que le Concile de Trente appelle « le signe de l'union, le lien de la charité et le symbole de la concorde? » (Conc. Trid., *Sess.* XIII, c. 8.)

On répond aux vœux de Notre-Seigneur exprimés à la

La Communion au milieu des champs en Italie, par Le Véronèse
(collection du Hiéron).

Bienheureuse, en communiant « autant que l'obéissance le voudra permettre, » et « tous les premiers Vendredis du mois, » (*Contemp.*, II, 382) et de plus à la fête du Sacré Cœur (II, 414). Là est le fondement divin, sur lequel l'institution humaine a établi l'Œuvre de la Communion réparatrice. Ces deux éléments ne peuvent être confondus, car l'un est essentiel, tandis que l'autre appartient à un ordre secondaire. Cependant, on peut bien dire que « l'idée providentielle » comprend tout l'ensemble. Le Cœur de Jésus a disposé toutes choses pour qu'il y eût, dans nos temps d'apostasie sociale, une vaste et belle association qui réunît les âmes ferventes dans un commun effort de réparation eucharistique.

Quoiqu'une si généreuse pensée pût suffire à grouper les bonnes volontés chrétiennes, l'Église a encore accordé ses plus précieuses indulgences à cette institution. Pour en jouir, il suffit de faire la communion hebdomadaire ou mensuelle, après avoir été agrégé à l'Archiconfrérie du Sacré-Cœur ou à l'Apostolat de la Prière. En cas d'empêchement légitime, il y a toute facilité de choisir un autre jour que celui qui a été assigné, pourvu que ce soit « dans la même semaine ou le même mois ». (*Bref* du 7 juillet 1864.) L'inscription au centre de Paray donne, parmi les autres avantages, celui de participer aux prières et bonnes œuvres du monastère de la Visitation. Quant aux grâces et aux faveurs que peuvent attendre du ciel tous ceux qui répondront aux désirs de Notre-Seigneur, il suffira, pour les faire apprécier, de citer les paroles suivantes adressées à la B. Marguerite-Marie : « Je te promets que mon Cœur se dilatera, pour répandre avec abondance les influences de son divin amour sur ceux qui lui rendront cet honneur, et qui procureront qu'il lui soit rendu. » (*Contemp.*, II, 414.)

PROGRÈS DE L'ŒUVRE EN 1894

Un mot semble caractériser le mouvement de notre Œuvre dans le dernier exercice : c'est la diffusion et l'influence *sociales*. Et qu'on ne voie pas ici le parti-pris de faire de l'actualité et d'être à la mode du jour. Non, il est évident pour nous que la Communion réparatrice tend désormais à se répandre plus largement dans les groupes et les sociétés, comme pour les lier, les cimenter plus intimement en Jésus-Christ. Que cela soit un effet de l'instinct chrétien qui se réveille, ou un sentiment de justice qui éclate, nous n'avons qu'à constater le fait, qui n'est pas d'ailleurs pour nous déplaire.

Cette idée de « réparation » parle au cœur de ceux qui y auraient d'abord semblé les moins accessibles. Nos hommes, nos ouvriers de France comprennent sans difficulté qu'ils peuvent et doivent s'unir au pied de l'autel, pour apporter à à Jésus-Hostie le témoignage de leur foi et lui demander le courage de la lutte. « A l'heure présente, nous disait ingénument l'un deux, l'on est tout ou rien, pour Dieu ou contre Dieu... » C'est ainsi que nos chers ouvriers de Montceau-les-Mines nous donnent, tous les mois, le spectacle de leur piété. Un bon nombre communient même plus souvent. On nous écrit qu'à Lyon plus de cinq cents hommes ou jeunes gens font la communion du premier vendredi du mois, en esprit de réparation. Ils viennent de recevoir les plus chaleureux encouragements de Mgr Coullié. Il y a aussi à Moulins (Allier) des « Amis du Sacré Cœur, » qui se sont engagés à faire régulièrement la communion réparatrice. A Clermont-Ferrand, un ancien sergent de *turcos* s'est mis à la tête du mouvement. Nous avons également des Associés parmi les hommes de Tarare (Rhône). Il va sans dire que partout où l'Œuvre s'établit, on s'aperçoit vite d'un progrès général. Quelques bons chrétiens sans peur et sans reproche peuvent en imposer à des centaines d'autres, qui sont d'ordinaire plus faibles que méchants.

La Hongrie nous a envoyé, à plusieurs reprises et par milliers, des noms d'Associés. Notre pieux correspondant disait en fort bon latin : « J'ai fait l'expérience qu'un grand nombre d'hommes, qui ne se sont pas approchés des sacrements depuis de longues années, se trouvent attirés et excités par cette idée, et ils font désormais la communion mensuelle au jour indiqué, avec une grande dévotion et des fruits abondants pour leur âme... J'espère qu'en apaisant ainsi le Cœur de Jésus, nous le rendrons propice à notre malheureuse patrie, qui traverse une crise très dangereuse pour la foi. C'est dans ce but que je propage la Communion réparatrice. » Oui, cette espérance est bien fondée.

On sait qu'en Belgique la religion a remporté les plus magnifiques triomphes du siècle. Mais ce qu'on ignore peut-être, c'est que les communions de nos Associés des deux sexes y sont pour une bonne part. Deux prêtres de Bruges assurent, à eux seuls, *mille* communions réparatrices par mois. Les premiers Vendredis sont presque partout spécialement honorés et fêtés. Un témoin nous rapportait qu'il avait été souvent édifié de voir les fidèles, hommes et femmes, s'approcher en masse de la Table sainte.

En traversant l'Océan, nous rencontrons aux États-Unis une admirable floraison dans ce même genre. Ici les chiffres paraissent énormes. Pour la seule direction transportée dernièrement de Philadelphie à New-York, nous trouvons un total de 2,105,000 membres de l'Apostolat, dont 700,000 font la communion réparatrice. Il y a eu 325,000 admissions aux divers Degrés, en 1874; un très grand nombre se rapportent à notre Œuvre. Il faut dire que le zélé Directeur, qui veut bien entretenir de fréquentes relations avec Paray-le-Monial et publier nos « *Échos*, » n'épargne rien pour la gloire et le triomphe du Sacré Cœur. Il a fait du *Messager illustré* un véritable chef-d'œuvre d'art chrétien. Naguère encore, il nous exprimait son ardent désir « d'exercer ainsi pour la grande cause de Jésus-Christ, autant d'influence que toutes ces publications perverses qui livrent les âmes à Satan. C'est pour cela, ajoutait-il, que nous travaillons et que nous prions. » Certes, nous ajouterons bien nos prières, pour que ces vœux généreux de nos frères du Nouveau-Monde soient prochainement comblés.

Quoiqu'il faille admirer davantage ces grands résultats, nous ne négligerons pas de mentionner avec satisfaction les progrès plus modestes, qui donnent après tout de belles espérances pour l'avenir. Ce sont d'abord les nouvelles fondations dans des centres importants, tels que Boulogne-sur-Mer (Pas-de-Calais), Amplepuis (Loire), Mauriac (Cantal), Montluçon (Allier). A peine établie dans cette dernière ville, l'Œuvre y a fait aussitôt plus de cent recrues. Forcés que nous sommes d'omettre d'autres noms, citons du moins l'exemple d'une fervente Zélatrice des Antilles anglaises, qui, étant venue à Paray pour faire sa retraite au Cénacle, a porté la bonne semence dans cette terre lointaine. Diverses communautés se sont aussi récemment affiliées. Nous remarquons le monastère de la Trappe, de Belval (Pas-de-Calais), la Visitation de Chotterschau (Bohême), les couvents de Sainte-Ursule, à Oxford (Angleterre), et de Bœttetin (Suisse). Parmi les autres, le pensionnat des Dames de Nazareth, à Beyrouth (Syrie), nous a déjà envoyé une liste bien remplie, et ce n'est qu'un acompte.

N'oublions pas de louer la constante ferveur de nos Associés dans les centres plus anciens. S'il y a quelque part un peu de relâchement, contre lequel toute institution humaine a besoin de réagir, on doit constater presque partout une ardeur et une générosité toujours croissantes. L'activité de nos Directeurs locaux, des Zélateurs et Zélatrices, peut accomplir des merveilles ; et avec la grâce de Dieu, le plus grand nombre n'y ont pas manqué. Pour nous borner ici à la France, les villes de Cannes, Clermont-Ferrand, Moulins se sont particulièrement distinguées. Remercions donc le Cœur de Jésus de la faveur qu'il nous accorde, — et c'en est une bien précieuse, — de pouvoir lui offrir nos humbles hommages et nos communions réparatrices.

PROJETS ET AVIS POUR 1895

Tout n'est pas gagné, parce que ce compte rendu offre des résultats encourageants. Je dirais plutôt que rien n'est fait, si nous n'avançons encore. Est-ce que le flot du mal a reculé ? Au contraire, il semble qu'il y ait une marée toujours montante d'impiétés, de blasphèmes et de sacrilèges. On en est réduit à prendre les rares instants de moindre furie, pour une accalmie ou un apaisement. Mais la tempête du lendemain détruit l'illusion de la veille. Pour nous, chrétiens, qui savons que le salut n'est qu'en Jésus-Christ, il faut sans cesse nous diriger de ce côté. « Que son règne arrive ! » et tout sera gagné.

Que faire ? Pour répondre au but particulier de notre Œuvre, nous devrons multiplier les bonnes communions, et nous efforcer d'obtenir l'union des âmes par la vertu du divin Sacrement. Isolées, elles sont faibles et découragées d'avance ; groupées ensemble, elles deviennent fortes et vaillantes. Je connais une humble femme, qui est arrivée à établir plusieurs séries et même des réunions mensuelles de la Communion réparatrice, où elle n'avait d'abord rencontré que froideur, indifférence et peur de l'insuccès. En imitant cet exemple, on pourrait partout réveiller la foi et la piété chrétiennes dans les paroisses.

Mais ce sont les *hommes* surtout qu'il importe d'atteindre. Leur action sociale est plus considérable. S. Philippe de Néri, dont on va célébrer le centenaire, s'était fait à Rome le promoteur des communions générales. Loin de repousser l'idée de « réparation », les hommes la comprennent à notre époque mieux que jamais. Le mal avec tous ses excès leur est mieux connu, et leur conscience révoltée se redresse pour défendre Dieu et ses droits. Hélas! ils ont peut-être aussi davantage à expier! Nous voudrions donc que dans tous les centres on essayât de former des groupes d'hommes, au moins pour la communion mensuelle du premier Vendredi, du premier Dimanche, ou de tout autre jour à volonté. Une fois que cinq ou six auront commencé, la trouée sera faite, le respect humain sera vaincu, et un plus grand nombre voudront suivre le mouvement. Ceci n'est pas pure théorie; c'est plutôt un fait constaté déjà en plus d'un endroit.

Nous serons heureux de recevoir à Paray-le-Monial toutes les adhésions. On sait que les listes, qui nous sont envoyées de partout, sont pieusement déposées dans la chambre mortuaire de la B. Marguerite-Marie, où elles forment le trésor du Sacré Cœur. Tout en louant chaleureusement le zèle de la réparation eucharistique, en quelque lieu qu'il se déploie, nous souhaiterions qu'on resserrât davantage les liens avec le centre général *spirituel*. Le sang qui répand la vie dans le corps humain part du cœur et revient au cœur, où il se régénère. Mais le cœur de notre Œuvre, n'est-ce pas cette petite cité, qui a été marquée dans ce but par un privilège unique?

A ce propos, nous recommandons à nos Associés de prier

S. Philippo de Néri, grand promoteur des communions d'hommes
(Collection du Hiéron).

pour l'avancement des causes de la Bienheureuse et du V. P. de la Colombière. Ce furent les premiers fondateurs et les modèles parfaits « de la Communion réparatrice », en attendant qu'ils en soient les patrons attitrés. Pour cela, il est nécessaire que l'Église les couronne tous deux de l'auréole des Saints, ou du moins des Bienheureux. Dans ce but, multiplions les prières et les neuvaines, faisons éclater les miracles par notre confiance et notre ferveur. Que cette année 1895 serait féconde, si elle pouvait préparer ce double triomphe ! Espérons et agissons ! Nous offrons volontiers nos humbles offices pour tout ce qui regarde spécialement le Vénérable de la Colombière. On sait d'autre part que notre Comité central de Paray se fait un noble devoir de répandre les images ou emblèmes du Cœur de Jésus. Les demandes affluent, mais les ressources ne permettent pas toujours d'y répondre comme on le désirerait.

Pour finir par un avis pratique, il serait bon de faire, après chaque communion, un acte de réparation ou d'amende honorable. On répondrait par là encore au désir très explicite de Notre-Seigneur. En effet, il l'a ainsi sollicité, au moins pour la fête du Sacré-Cœur. « Je te demande que le premier Vendredi d'après l'octave du Saint-Sacrement soit dédié à une fête particulière pour honorer mon Cœur, en communiant ce jour-là, et en lui faisant réparation d'honneur par une *amende honorable*, pour réparer les indignités qu'il a reçues pendant le temps qu'il a été exposé sur les autels. » (*Contemp.*, II, 414.) Mais ce qui est si agréable au divin Maître ne peut que gagner à être répété. Tous ceux qui aiment le comprendront bien. D'autant que « les indignités » ne cessent de se multiplier envers l'auguste Eucharistie. Nous avons publié une formule qu'on a lue à la page 134. On y demande pardon pour les crimes particuliers de notre temps. Plût à Dieu qu'elle fût entre toutes les mains et sur toutes les lèvres, afin de consoler l'aimable Cœur de Jésus !

Mars 1895.

L'HIVER A PARAY-LE-MONIAL

CULTE DE LA SAINTE FAMILLE

LE R. P. GINHAC

La neige tombe à gros flocons, le froid sévit et redouble d'intensité. Nous avons eu jusqu'à 20 degrés centigrades au-dessous de zéro. Cela n'est pas pour attirer les pèlerins, comme bien on pense. Mais malgré tout, j'en sais plusieurs qui regardent vers Paray, avec un cœur plein d'espoir. Ceux-là viendront aux premiers beaux jours que la bonté de Dieu nous réserve encore, il n'en faut pas douter. Après les plus hardis, d'autres accourront plus nombreux et plus ardents. Le Cœur de Jésus les bénira tous et réchauffera leurs âmes. Avec les joyeuses fêtes de Pâques, quand les petites fleurs briseront la terre durcie pour s'épanouir au doux soleil d'avril, Marguerite-Marie sortira aussi du tombeau de l'autel, où elle semble dormir dans sa châsse dorée. Ce sera la résurrection du pèlerinage. Puisse-t-il être, en cette année, plus consolant que jamais !

En attendant les bons habitants de Paray profitent de ce temps de repos pour se recueillir et jouir de leurs richesses spirituelles. Plus tard, le mouvement des visiteurs étrangers et le tracas des petites affaires (car petites affaires on ne dédaigne pas) pourront absorber davantage. Il faut auparavant se retremper et puiser à la source de grâce. Le Sacré Cœur doit bien avoir quelques tendresses particulières pour cette cité, puisqu'il a voulu s'y manifester. Jésus aimait tant « Jérusalem et ses enfants, » qu'il pleura à l'avance sur leur ruine prochaine. N'est-ce pas ici la Ville sainte des temps modernes, où le Sauveur « a parlé » merveilleusement pendant près de vingt ans? Quand on a le bonheur d'habiter Paray-le-Monial, on ressent l'effet des privautés divines. L'atmosphère est comme imprégnée de dévotion. Chacun éprouve, seul et en tout temps, ce qui, ailleurs, est d'ordinaire le résultat de l'entraînement des foules ou l'effet des solennités.

Il fait froid, en hiver, dans le « Val d'Or »; mais les âmes s'y maintiennent dans la ferveur. Nos sanctuaires sont couverts de givre et de frimas ; entrez cependant et vous trouverez des cœurs qui prient avec dévotion. Nous avons été maintes fois surpris très agréablement de voir tant d'assistants aux messes les plus matinales. Dans la chapelle des Apparitions, dès six heures, il y a tous les jours une belle réunion de fidèles qui adorent, qui communient, qui consolent le Cœur de Jésus... Outre les trente ou quarante religieuses, dont le saint recueillement s'épanche comme un doux parfum à travers les grilles, de nombreuses personnes pieuses sont venues aussi, malgré la neige ou la pluie et l'obscurité des rues, offrir avec le prêtre « le sacrifice du matin ». On compte encore plus de monde les

Hôtel de ville de Paray : Ancienne maison du xvi° siècle.

premiers Vendredis du mois, aux réunions de l'Heure sainte et aux diverses fêtes de la saison.

Nos assemblées mensuelles de la Communion réparatrice, dans l'église du Cénacle, siège de notre OEuvre, sont également très bien suivies. Un jour qu'il faisait un temps affreux, on pouvait craindre qu'il n'y eût presque personne; or, la grande et splendide chapelle était pleine à l'heure habituelle, qui est sept heures. Là, pauvres et riches se confondent à la Table sainte, pour consoler le Cœur de Jésus. D'ailleurs, la vraie grandeur et la meilleure noblesse ne sont-elles pas dans les âmes qui aiment Dieu? On pourrait répéter, dans ce sens aussi bien qu'en tout autre, ce qu'écrivait ici le marquis de Coulanges, parent de Mme de Sévigné, qui était elle-même petite-fille de sainte Chantal. C'était en 1706, au plus beau temps du cardinal de Bouillon, qui tenait sa petite cour dans le palais abbatial :

> Le noble château de Paray
> De noblesse est tout entouré.

Je ne veux pas dire que tous les Parodiens profitent de leurs titres de noblesse chrétienne; mais enfin, il y a de la piété chez beaucoup : petits et grands.

C'était encore, il n'y a que quelques jours, la fête de saint François de Sales, le bienheureux et doux Père des Visitandines. On peut dire que tout Paray s'y est associé, car la Visitation forme le centre spirituel de notre cité. Le bon saint fut aussi le précurseur de la *dévotion* au Sacré Cœur.

On ne peut douter qu'il en ait eu révélation, quand on lit ce qu'il écrivait soixante ans avant les merveilleuses apparitions faites à sa fille en Dieu, Marguerite-Marie. « Les religieuses de la Visitation qui seront si heureuses que de bien observer leurs règles, pourront véritablement porter leur nom de filles évangéliques, établies en *ce dernier siècle* pour être les imitatrices du *Cœur de* Jésus dans la douceur et l'humilité, base et fondement de leur Ordre, qui *leur donnera* le privilège et la grâce incomparables de porter la qualité de *filles du Sacré Cœur de* Jésus. » (*Sentiments sur le Sacré Cœur*, p. 194.)

PARAY ET LA SAINTE FAMILLE

Nous célébrions aussi, le 27 février, au moins dans quelques-uns de nos sanctuaires, la belle fête de la *Sainte Famille*. C'était une nouveauté. On sait en effet que Léon XIII vient d'étendre cette solennité à tous les diocèses du monde et aux communautés religieuses, qui en témoigneront le désir. Il avait engagé peu auparavant « tous ceux à qui est confié le salut des âmes, et principalement les évêques, à favoriser l'établissement et les progrès » de l'*Association des Familles* consacrées à la sainte Famille de Nazareth. (*Bref* du 14 juin 1892.)

Cette Œuvre si importante devait avoir, comme tant d'autres, un de ses foyers de zèle à Paray-le-Monial, d'autant qu'elle se rapporte intimement à la dévotion au Sacré Cœur. Marie et Joseph n'ont-ils pas été les premiers et les meilleurs amis du Cœur de Jésus? Mais il y a plus encore. Il est historiquement vrai que le culte de la Sainte Famille a servi, pour ainsi dire, de berceau à celui que nous rendons au divin Cœur. On peut remarquer à ce propos que la Providence est fidèle à ses principes et qu'elle agit d'ordinaire selon le même plan.

Le fait est qu'ici, comme en Palestine, le mystère de Nazareth a préparé les grandes manifestations du Sauveur.

Il est intéressant de lire, dans les anciennes Annales, le récit de la fondation du monastère de la Visitation à Paray. Le couvent de *Saint-Joseph* de Bellecour, à Lyon, avait fourni les premières Sœurs, en 1626, sur l'avis favorable du R. P. Fournier, provincial de la Compagnie de Jésus, autrefois Père spirituel de saint François de Sales, « qui fait mention de lui en la préface de sa *Philothée* ». Mais il fallut bientôt quitter la demeure étroite et mal commode, — un vrai Bethléem, — où la petite communauté s'était établie. Les Pères Jésuites proposèrent de faire un échange avec leur propre maison, ce qui fut accepté avec satisfaction. Entre temps, les bonnes religieuses, décimées par la peste, avaient dû *fuir* hors de la ville, en un lieu appelé *Charquons*. Enfin la Mère Anne Élisabeth de Lingendes introduisit ses Sœurs, en 1632, dans le domicile occupé auparavant par les Pères. Elle entreprit aussitôt de bâtir un temple au Seigneur, disant : « Mes chères Sœurs, avant toutes choses, il faut « dresser le pavillon à Dieu et il bénira le reste de nos des-« seins. » A quoi, ajoute le mémoire, elle a si bien réussi que notre église est une des mieux orientées de la ville, quoiqu'il y en ait de plus grandes. Elle nous a coûté six mille francs. Cette église fut dédiée au glorieux *saint Joseph*. Et sur la première pierre de l'édifice est gravée cette inscription :

Jésus, Marie, Joseph, *uniques fondateurs de ce monastère.*

Ce fut donc dans un autre Nazareth et à l'ombre du Patriarche de la vie cachée que Jésus vint habiter encore, en attendant l'heure de cette ineffable manifestation qui devait, dit la Bienheureuse, nous donner son Cœur « comme un nouveau Médiateur entre Dieu et les hommes, et renouveler le fruit de sa Rédemption dans les âmes ». (Voir l'*Église de la Visitation*, pp. 5, 6, et *Mémoire* de la Mère de Chaugy.)

La Sainte Famille, d'après le Titien (Collection du Hiéron).

Mais la dévotion à la sainte Famille ne cessa pas à Paray à la suite des célèbres apparitions. Parmi les autres preuves, nous ne citerons que l'établissement de l'Hôpital, sous le même vocable de saint Joseph. Or il fut fondé, comme on sait, par les soins du Vénérable P. de la Colombière et sur les conseils de la Bienheureuse Marguerite-Marie. Le texte de l'antique règlement est ainsi conçu : « L'hôpital Saint-Joseph est appelé de la sorte, parce qu'étant destiné pour les pauvres malades, qui ne demandent assez souvent d'estre portez à l'hôpital que lorsqu'ils ne sont plus en estat de réchapper de leur maladie, il a esté mis sous la protection du glorieux saint JOSEPH, patron des agonisants. » (P. Charrier, *Hist. du Vén. P. de la Colombière*, t. I, p. 376.)

Après tout cela, il semble bien naturel que, dans la ville du Sacré Cœur, l'on s'occupe encore du culte à JÉSUS, MARIE, JOSEPH, sous la forme qui a été consacrée dernièrement par l'autorité de l'Église. Et de fait la Providence a voulu que l'humble auteur de ces lignes héritât du titre de *Promoteur général* de l'Association des Familles, que lui a légué, en raison de son grand âge, le vénéré fondateur, le R. P. Francoz. Cette Œuvre, dont la haute direction appartient désormais au Cardinal Vicaire de Rome et aux évêques, dans leurs diocèses, a pris son origine à Lyon, sur la colline de Fourvière. L'histoire en est curieuse. Il y a quelques vingt ou trente ans qu'en gravissant un des derniers lacets de la montagne, on remarquait une petite porte, au-dessus de laquelle était écrit : *A la Sainte Famille*. Qu'était-ce donc? Un humble toit, qui abritait le plus humble des oratoires. Le modeste religieux, que nous avons nommé, avait conçu un amour ardent pour JÉSUS, MARIE, JOSEPH, et il voulait le communiquer à tous les chrétiens, dans le but de les sanctifier. Mais, hélas! que les moyens semblaient faibles et peu proportionnés à un effet considérable ! Les sages et les prudents eux-mêmes secouaient la tête ou haussaient les épaules en signe de défiance ou de mépris. Cependant le fondateur conservait son fin sourire et regardait le ciel. Il espérait toujours... Il avait raison... Un jour, le grand Pape, dont le coup d'œil est si clairvoyant et dont l'action est si puissante, Léon XIII, distingua, dans l'immense champ de l'Église, cette Œuvre et cet homme. Il vit dans « *la Sainte Famille* » une force capable de régénérer la société moderne, en sa source même, qui est la famille chrétienne. Il souffla sur cette « étincelle, » que le pauvre vieillard avait gardée si précieusement. Il a voulu, il a décrété que cette flamme irait du bout du monde à l'autre et de foyer en foyer. Nous fûmes un jour étonnés d'entendre que la modeste Association s'étendait à tout l'univers catholique, que le Souverain Pontife et les Princes de l'Église s'en faisaient les zélés protecteurs, qu'une fête annuelle était instituée pour servir de « mémorial et d'encouragement » à cette Œuvre...

C'est cette Association que nous voudrions aussi promouvoir, comme simple auxiliaire des Directeurs diocésains et paroissiaux. Nous leur offrons tous les moyens de propagande que le pieux fondateur avait multipliés : livres, images, etc. La pratique caractéristique de cette Œuvre, facile entre toutes, est *la prière du soir* en commun, faite autant que possible devant l'image de la Sainte Famille. « Cet exercice, dit le cardinal Guibert, est *capital* parmi ceux de la vie chrétienne et peut devenir le commencement d'une heureuse réforme dans les familles. Son rétablissement serait un grand pas vers le retour à la piété des anciens temps ; ce serait le signal du *réveil de la foi* parmi nous, l'annonce d'une transformation reconnue nécessaire, si nous voulons sortir de l'indifférence mortelle, qui ne compromet pas seulement le salut des âmes, mais qui finirait par tuer toutes les nobles et belles qualités du caractère de notre nation. » (Mandements.)

UN AMI DU SACRÉ CŒUR : LE R. P. GINHAC

La ville de Paray-le-Monial a été bien peinée d'apprendre la mort du R. P. Ginhac, arrivée presque subitement à Castres, le 10 janvier dernier. Il avait été ici le premier Supérieur de notre maison la Colombière et Instructeur du troisième an. On l'attendait prochainement pour une retraite au Cénacle. Nous nous souvenons encore d'avoir assisté, en 1877, à la prise de possession qu'il fit à la manière des Saints. Il avait voulu lui-même transporter le Saint-Sacrement dans la chapelle où est le tombeau du Vénérable. « Jésus, disait-il, doit entrer le premier dans la demeure qui nous est préparée. Il en sera le Maître !... » Avec quel profond respect, quelle tendre piété, quelle ardente dévotion cet homme traitait Notre-Seigneur ! Pour l'avoir vu une seule fois en cette occasion, nous ne saurions l'oublier. Ceux qui l'ont connu plus intimement sont unanimes à proclamer ses hautes vertus. Le *Messager* ne manquera pas d'en parler, comme ayant été un des grands amis du Cœur de Jésus à notre époque.

A Paray, il a laissé, comme partout où on l'avait vu et entendu, une réputation extraordinaire de sainteté. C'était *l'homme surnaturel* qui apparaissait particulièrement en lui. Un bon chanoine, autrefois curé d'une paroisse voisine assez importante, avait fait sa connaissance, pendant une retraite ecclésiastique prêchée à Autun. Il a recueilli ses impressions personnelles en quelques pages très intéressantes, qu'il a bien voulu nous communiquer. On nous permettra d'en citer certains passages.

« La prédication du R. P. Ginhac, dit-il, me frappa beaucoup par le ton de conviction qui l'accompagnait. Simplicité, lucidité, solidité : telles sont les qualités qui me parurent dominer dans ses instructions. Il y avait aussi parfois de ces paroles de feu, de ces réflexions saisissantes que l'âme d'un saint peut seule trouver. Une conférence sur l'*Examen particulier* m'est restée en mémoire. Le Rév. Père démontra que cet exercice est fort important pour former et tremper le caractère. Mais je fus surtout ravi par une méditation sur l'*humilité*. Je n'avais jamais rien entendu de semblable. »

Ce cher retraitant ne faisait pas que d'entendre, il regardait aussi, et avec de bons yeux. « J'examinai attentivement le R. P. Ginhac à la chapelle. Quant il se mettait à genoux devant le Saint-Sacrement, c'était toujours sur le pavé et d'un seul mouvement. Une fois dans cette posture, il devenait *statue*, et cela pendant une heure et plus, s'il le fallait. Il y avait déjà là quelque chose de frappant. Mais ce qui frappait bien davantage, c'est que souvent une de ses jambes pliée sous lui semblait mal équilibrée et porter à faux. On souffrait. On aurait voulu la prendre et la mettre d'aplomb. N'importe, rien ne bougeait plus. » — Hélas ! il y avait là-dessous une grave infirmité, qui a fini par précipiter la mort du bon Père, dont le moindre souci était celui de sa santé.

Le narrateur continue son récit. Il est devenu le fils spirituel et l'ami du cœur, comme on le devine à son ton.

« Vint l'expulsion des religieux, en 1880. Celle de Paray-le-Monial devait suivre celles de la capitale. C'était dans l'air. Tout le monde s'y attendait. Quelques jours avant cette scélératesse, j'étais aux pieds du serviteur de Dieu, lui offrant mes doléances et mes adieux.

— « O Père, lui disais-je, on va vous chasser d'ici !... Que vais-je devenir ? » — Et ce bon Père, dont l'âme était si droite, si juste, ne pouvait croire à toute la méchanceté des hommes.

— « Non, me répondit-il, il n'est pas possible qu'on en vienne là. Nous sommes chez nous ; si on nous chassait de notre domicile sans jugement, on violerait toutes les lois divines et humaines. » — Des lois pour des francs-maçons ! Ils ne connaissent que leur volonté et la haine de la religion... Quelques jours après, c'en était fait : l'attentat était commis. Les Pères Jésuites furent violemment chassés de leur maison de Paray. Quand le P. Ginhac parut au dehors, une voix courageuse s'écria : « Laissez passer le saint ! » La foule silencieuse et indignée s'ouvrit respectueusement devant lui. » — Certes, ces détails méritaient de n'être pas perdus.

Nous devons ajouter que la Communion réparatrice devait aussi beaucoup au défunt. Il avait vivement encouragé le fondateur, le P. Victor Drevon, dont il admirait la puissante activité et le zèle infatigable pour la gloire du Sacré Cœur. Nous avons annoncé ici cette mort à notre dernière réunion mensuelle. Tous nos Associés voudront bien se souvenir du P. Ginhac, dans leurs prières et leurs communions ; mais peut-être que plusieurs seront plutôt disposés à implorer, en leur particulier, son intercession auprès de Dieu.

Vénérable Claude de la Colombière, d'après un portrait de famille (1641-1682).

Avril et mai 1895.

LE TOMBEAU

DU

VÉNÉRABLE CLAUDE DE LA COLOMBIÈRE

Les pèlerins qui viennent prier le Sacré Cœur à Paray-le-Monial ne manquent pas, après avoir visité le sanctuaire des Apparitions, d'apporter aussi de pieux hommages et des vœux empressés au tombeau du Vén. P. de la Colombière. Ils associent, dans leurs pensées intimes et leur culte privé, la B. Marguerite-Marie avec son saint Directeur. C'est là le mouvement logique des esprits, la pente naturelle des cœurs. Notre-Seigneur a choisi ces deux âmes religieuses pour être les porte-lumière, ou, selon l'expression de l'Écriture, « les deux candélabres » « *duo candelabra* » (Apoc. XI, 4) qui devaient, « dans ces derniers siècles », manifester d'une

---

1. L'auteur de cet article se fait un devoir de déclarer qu'il se conforme en tout aux décrets du pape Urbain VIII, sans vouloir en aucune manière prévenir le jugement du Saint-Siège apostolique, jugement qu'il attend en fils soumis et respectueux. (1ᵉʳ mars 1895. — *Premier Vendredi* du mois.)

façon plus sensible le mystère de son amour et de sa miséricorde. Ils ne sauraient rester toujours séparés. Le peuple fidèle le comprend et l'espère ainsi. D'autant que l'état bienheureux du *Père* a été maintes fois attesté par la *Fille spirituelle*, qui, en cela, comme dans le reste de ses révélations, était sans doute éclairée des lumières d'en haut. » (Voir *Contemp.*, II, 200, 205-206, 226.)

Cependant, il est toujours là, dans notre humble et trop petite chapelle, le corps béni du serviteur de Dieu. Quoiqu'ils soient bien touchants, les honneurs qu'on lui rend sont d'un ordre inférieur ; quoiqu'elles se multiplient de jour en jour, les couronnes et les adresses qu'on apporte ne peuvent remplacer la céleste auréole, que l'Église peut seule décerner. Tandis que, dès les premiers chants de l'*Alleluia*, la châsse de Marguerite-Marie est sortie du sépulcre de l'autel tout étincelante de pierreries et embaumée par l'encens, les précieux restes de Claude de la Colombière dorment silencieux et obscurs, sous cette dalle de marbre noir qui les recouvre. On y lit encore ces simples mots :

P. CLAVDIVS

LA. COLOMBIERE

OBIIT. XV. FEBRVARII

MDCLXXXII

ÆTATIS. SVÆ

XXXXI

Le P. Claude — la Colombière — est mort le 15 février — 1682 — à l'âge — de 41 ans.

Il nous faudrait plus de foi et de ferveur pour obtenir cette grâce insigne, que le Cœur de Jésus accordât aussi un rayon de gloire à son premier apôtre, en le faisant proclamer *Bien-*

heureux. Certes, ce sera l'aurore d'une époque de bénédiction, une fête sans pareille dans tout le monde chrétien, quand les deux flambeaux de la grande dévotion moderne paraîtront illuminés de la splendeur divine, au sein de cette humble cité. Les foules retrouveront alors le chemin de Paray, pour ne plus l'oublier jamais. On pourra dire que « la Maison du Seigneur a revêtu sa beauté », et que le Règne du Sacré Cœur est proche ! — Mais s'il en est ainsi, ne les obtiendrons-nous pas bientôt, les merveilles notoires et éclatantes qui doivent briser les sceaux de ce cercueil? Ne les adresserons-nous pas au ciel, les prières ardentes, enflammées, pressantes, qui peuvent hâter les temps de Dieu ?... Il est permis de présager, par divers signes, qu'un sublime effort de la piété catholique atteindrait enfin ce but tant désiré. Nous le ferons et nous serons exaucés.

Voilà plus de deux siècles que l'on entoure les reliques du P. Claude de la Colombière « de témoignages singuliers de vénération ». A peine eut-il expiré, que le premier Magistrat de la ville « demanda son corps pour lui consacrer un monument dans l'église de la paroisse » Saint-Nicolas. Mais le Supérieur de la Résidence voulut conserver ce « précieux trésor » dans la petite chapelle de la Compagnie. Il y eut plus tard, en 1686, une translation dans une église plus vaste que les Pères avaient fait édifier.

L'ancien biographe, qui nous fournit ces détails, ajoute : « On lui rendit avec empressement ces honneurs qui distinguent la sainteté; et aujourd'hui son tombeau est comme le dépositaire des vœux de la piété des fidèles d'alentour. » (*Préface* des Sermons, édit. 1684.) En 1763, la tempête qui amena la suppression momentanée des Jésuites força le dernier Supérieur de Paray, le R. P. Hubert, à confier les ossements de notre Vénérable aux Religieuses de la Visitation, qui les gardèrent avec une fidélité et un soin admirables. « Ce précieux dépôt, dit une relation du monastère, repose dans notre sépulture intérieure, dans une châsse, près de celle de notre vénérable Sœur Alacoque. C'est là que nous invoquons journellement ces deux grands amateurs du Cœur divin... Leurs tombeaux son incessamment couverts de quantité de linges que l'on apporte de toutes parts pour les faire toucher pour le soulagement des malades qui, fréquemment, en ressentent les heureux effets, surtout les pauvres sur lesquels leur protection se fait sentir plus spécialement. Fasse le ciel que l'Église se prononce un jour en leur faveur ! » (*Circulaire* de 1765.)

Pendant la grande Révolution, une humble Visitandine accomplit des prodiges de courage et de dévouement pour garder ces trésors. La population elle-même veillait à les conserver à Paray, et ils furent pendant trois mois retenus dans l'église du Doyenné, qui est aujourd'hui la Basilique. Mais ils rentrèrent bientôt à la Visitation. Le corps du Vén. P. de la Colombière, après être resté environ cent ans à côté de celui de la B. Marguerite-Marie, fut rendu très aimablement aux Pères de la Compagnie de Jésus, une première fois en 1828 jusqu'à 1833, et enfin d'une manière définitive, nous l'espérons, en mai 1877. C'est depuis le mois de juillet de cette même année qu'il repose dans le caveau de notre chapelle, en attendant que Dieu veuille l'exalter, pour la plus grande gloire du Cœur de Jésus.

La piété des peuples ne cesse de se manifester spontanément auprès de ce tombeau. Des hommes de toute condition viennent s'y agenouiller tous les jours et y déposer leurs vœux avec d'humbles *placets*. Nous avons vu des Princes de l'Église manifester ainsi leur dévotion. Il a fallu déjà plusieurs fois vider les corbeilles, qui regorgeaient de ces adresses. Ceux qui ne peuvent venir à Paray envoient leurs requêtes, parfois de bien loin. Il en est arrivé du fond même de l'Amérique. Jamais la confiance n'avait paru si grande que dans ces

Intérieur de la chapelle où se trouve le tombeau du V. P. de la Colombière.

dernières années; mais elle se manifeste surtout à l'occasion de l'anniversaire du Vénérable (15 février).

La liste est longue des demandes de prières ou de neuvaines qui nous sont presque journellement transmises. Ce ne sont plus seulement des « linges » que l'on fait toucher aux reliques, « pour le soulagement des malades »; mais on se sert aussi dans ce but « des fleurs », qui ont été placées sur la dalle du caveau. La bonne sœur Raphaël du Saint-Sacrement, qui depuis trente ans est à Paray la providence des pauvres et des infirmes, sollicitait naguère encore, comme une grande faveur, de recueillir pour ses chers malades quelques-unes des roses envoyées récemment. « Beaucoup de personnes, nous disait-elle, y ont une grande foi. »

GALERIE HISTORIQUE DU VÉNÉRABLE

En visitant la tombe du Père de la Colombière, les pèlerins de Paray seront heureux de parcourir LA GALERIE, qu'on a exposée dans le vestibule de la chapelle. L'idée est de rassembler les divers documents pouvant servir à reconstituer la vie du Vénérable dans son cadre historique. Grâce aux bons soins et aux patientes recherches du R. P. Charrier, nous possédons déjà tout un ensemble de plans, de portraits, de photographies et d'autres pièces, qui permettront de suivre le Serviteur de DIEU dans les divers milieux de sa trop courte carrière[1]. On ne pouvait trouver une introduction plus parfaite, ni un préambule plus édifiant pour conduire jusqu'au modeste monument, où est renfermée la dépouille de l'illustre défunt. Pour les élus de DIEU, comme pour tous les hommes,

---

[1]. Nous marquons par de grands caractères, ou du moins par des lettres *italiques*, les lieux, les personnes ou les objets qui sont représentés de quelque manière dans notre galerie.

la mort n'est que la conséquence et le couronnement de la vie.

Le point de départ est ici Saint-Symphorien d'Ozon (Isère), qui dépendait autrefois, pour le spirituel, de l'archidiocèse de Lyon et, pour le civil, du bailliage de Vienne en Dauphiné. Claude de la Colombière y naquit le 2 février 1641, fête de la Purification de la sainte Vierge. Un plan sous vitrine représente la petite cité avec son enceinte de murailles, telle qu'elle devait être à cette époque. On y reconnaît la place de la propriété des la Colombière. Bertrand, le père de notre Vénérable, avait eu de sa pieuse épouse sept enfants, dont deux moururent en bas âge et quatre autres se consacrèrent à Dieu, dans l'état sacerdotal ou religieux. Comme il le dit en son *Testament*, dont nous tenons le texte original, l'heureux chef de cette famille, qu'on appelait une « famille de saints », avait « l'honneur d'être » de la Confrérie du Saint-Sacrement instituée dans l'*église paroissiale*. Cet antique édifice d'une structure assez originale était à peu près tel qu'il existe aujourd'hui. Des photographies en représentent l'extérieur et l'intérieur. C'est sans doute dans le baptistère placé au coin d'une des chapelles, que Claude reçut les bénédictions complémentaires du sacrement de la régénération. Il avait été ondoyé, presque aussitôt après sa naissance, dans la *maison paternelle*.

Cette demeure à la fois modeste et distinguée domine encore la bourgade, dont on peut aussi remarquer une vue d'ensemble très bien prise. On y conserve un *portrait de famille*, qui représente le Vénérable à l'âge de trente ans. D'après les connaisseurs, cette image a été prise sur nature et semble bien la plus vraie et la plus authentique que l'on possède. C'est aussi celle dont une copie figure dans la

Galerie, et que l'on a vue reproduite en tête de cet article. L'habitation natale du P. de la Colombière fut pendant longtemps l'objet d'une vénération particulière. Nous en citerons une preuve remarquable. On sait qu'en 1804 le Pape Pie VII vint en France pour le sacre de l'empereur Napoléon Ier. Pendant ce voyage, deux cardinaux de la suite du Souverain Pontife se détachèrent de l'auguste convoi « pour aller visiter Saint-Symphorien d'Ozon. Là, ils se firent montrer la chambre que le P. Claude avait habitée et, pleins de vénération, ils en baisèrent les murs aux quatre coins. » (Relation Manusc.)

La famille la Colombière quitta Saint-Symphorien en 1650, pour s'établir à VIENNE en Dauphiné. Cette antique cité, dont les Romains avaient fait un des centres importants de leur domination, fut aussi le berceau du christianisme dans notre pays. C'est pourquoi ses archevêques gardèrent jusqu'à la grande révolution le titre de Primat des Gaules. Le jeune Claude habita d'abord avec ses parents sur la paroisse de *Saint-André-le-Bas*. « Il assistait aux offices divins dans cette église abbatiale, où Clément V, en présence des Pères du Concile de Vienne (1311), avait, le premier parmi les Souverains Pontifes, célébré avec solennité la fête du Très Saint-Sacrement. » La Providence préparait ainsi le futur apôtre de l'Eucharistie et du Cœur de Jésus. — Outre un relevé de l'ancien plan de la ville, nous possédons plusieurs vues, qui représentent : la *Maison* des la Colombière, la métropole de *Saint-Maurice*, devenue plus tard leur paroisse, et ce beau temple romain transformé en église sous le titre de *Notre-Dame-de-la-Vie-Vieille*. Bertrand la Colombière, le père du Vénérable, y fut enterré en 1676.

Mais Claude de la Colombière avait été envoyé à LYON,

dès l'âge de dix ans, pour y commencer ses études chez les Pères Jésuites. Il débuta au petit collège de *Notre-Dame-de-Bon-Secours* placé sur le flanc de la colline de Fourvière. C'est là sans doute qu'il fit bien pieusement sa première communion, sous le regard et la protection de la Vierge MARIE. Après trois ans de grammaire, l'adolescent entra au grand *collège de la Trinité*, où il étudia successivement les humanités, la rhétorique et la philosophie. Les maîtres les plus distingués enseignaient alors dans cette illustre école, qui attirait toute la plus brillante jeunesse du pays. On y rencontrait des hommes tels que le fameux grammairien *P. François Pomey*, le célèbre *P. de la Chaise*, qui devint confesseur de Louis XIV, le P. Claude Ménestrier, si éminent en architecture et dans l'art du blason, le P. Claude-François de Challes, mathématicien distingué... Cependant la vertu dominait la science et produisait, dans ce foyer de lumière, une immense action sociale en faveur de la religion. De pieuses congrégations de la Sainte-Vierge, dont fit partie le jeune de la Colombière, réunissaient non seulement les étudiants des classes, mais aussi les « Messieurs » et les « Artisans » de la ville. Elles avaient, pour les diriger, les PP. *Théophile Raynaud*, Jean Cornu, Charles Faber, etc., qui figureront avec honneur dans notre Galerie, puisqu'ils contribuèrent par leurs exemples à élever l'édifice de sainteté et de zèle apostolique que nous admirons.

Si la ville de Lyon est restée jusqu'à nos jours la citadelle de la piété et des Œuvres catholiques en France, elle le doit en grande partie à ces puissantes influences, qui se continuèrent pendant deux siècles et plus. Notre Vénérable, devenu religieux de la Compagnie de Jésus, y reviendra, à diverses reprises, ajouter ses efforts à ceux de ses frères. Il enseignera la rhétorique et dirigera la congrégation de ses élèves (1670-72); il prêchera avec succès la parole de Dieu dans plusieurs églises : à *Saint-Bonaventure, aux Carmes, à Sainte-Claire* (1674). Sa troisième année de probation se passa dans la *Maison Saint-Joseph*, où Notre-Seigneur lui inspira pendant sa retraite le vœu héroïque, qui fut le point de départ de sa perfection. C'est aussi là-même qu'il fit l'acte de sa *profession solennelle* (2 fév. 1675). Enfin, après son exil d'Angleterre, le collège de la Trinité le reverra malade et déjà frappé à mort, donnant ses soins spirituels aux jeunes philosophes de la Société (1679-81), parmi lesquels nous distinguons Joseph de Gallifet, qui devint plus tard, sous l'inspiration de ce maître consommé, un fervent apôtre du Cœur de Jésus. Ajoutons que c'est de Lyon que le P. de la Colombière fut envoyé à Paray, une première fois, pour être supérieur de la Résidence et recevoir les confidences divines de la *B. Marguerite-Marie* (1675), et une autre fois, pour mourir et laisser ici ses précieux restes (1684).

Il est une autre ville dont nous devons parler. Avignon, la cité des Papes, vit le jeune Claude arriver au noviciat de *Saint-Louis* le 25 octobre 1658. Il venait de finir ses études et n'avait que dix-sept ans et demi. Ce n'est pas que cette généreuse décision ne lui ait coûté bien des luttes et des répugnances. Il a écrit lui-même : « Je sais que j'avais une horrible aversion de la vie dans laquelle je me suis engagé, lorsque je me fis religieux. » (Lettre 93°.) — A tout âge, il en coûte de briser les liens si intimes de la chair et du sang ; il est toujours héroïque, pour une nature délicate et sensible, de dire un irrévocable adieu à ceux qu'on a tendrement aimés. Mais l'amour divin qui suscite ces sacrifices est plus fort que la mort elle-même...

« Le P. de la Colombière, dit l'ancien biographe, apporta dans la religion d'heureuses dispositions à remplir tous les devoirs de sa vocation : une complexion assez robuste, un esprit vif et naturellement fort poli, un jugement solide, fin et pénétrant, une âme noble, des inclinations honnêtes, de l'adresse même et de la grâce à toutes choses. On ne manqua pas de cultiver un si riche fonds avec de grands soins ; et l'on en recueillit tous les fruits qu'on en pouvait attendre. » (*Préface* des Sermons.)

Ce portrait du novice fait prévoir ce que sera un jour le religieux en répondant aux grâces de Dieu. D'ailleurs, l'écrivain ajoute aussitôt ces traits, qu'on ne retrouve, nous semble-t-il, que dans la vie des Saints. « Il ne faut pas s'étonner qu'il se possédât toujours assez pour prévenir toutes ces saillies, qui surprennent quelquefois les plus modérés et les dérobent à eux-mêmes : c'était sa vertu qui réglait sa conduite et qui répandait dans toutes ses manières cet air qui charmait et qui édifiait également tous ceux qui avaient quelque accès auprès de lui. Son visage marquait toujours quelque pensée forte et sainte et une application singulière à l'étude de la perfection... Sa seule présence inspirait des sentiments relevés à l'égard de Dieu et du salut. On peut dire que, quelle que fût son occupation, l'oraison l'occupait toujours. » (*Ibid.*)

Vers la fin de son noviciat, Claude de la Colombière fut envoyé au *collège d'Avignon*, où il prononça ses premiers vœux, le 26 octobre 1660. Il appartenait dès lors tout entier à Jésus-Christ, qui devait bientôt l'employer à la gloire de son divin Cœur. On pourrait dire que sa formation convergera providentiellement vers ce but. Durant son cours de métaphysique, il vit mourir très pieusement le P. Paul de Barry, qui avait introduit, en 1626, les Visitandines à Paray-le-Monial. Mais le Sauveur voulait lui donner en ce temps même sa grande et sublime leçon : « Apprenez de moi que que je suis doux et humble de cœur. » (Matth. XI, 29.) On plaça Claude, qui était devenu un philosophe distingué, au poste le plus modeste du collège. Il fut nommé professeur de cinquième et il suivit ses élèves, à travers les aridités de la grammaire, jusqu'à la classe d'humanités inclusivement (1661-66). C'est la dernière année de son séjour à Avignon qu'il fut appelé à faire le panégyrique de saint François de Sales, dans l'Église du premier *monastère de la Visitation*. On y célébrait alors les fêtes de la canonisation de l'aimable père des « Filles du Sacré Cœur ».

L'orateur, écrit un contemporain, « fit un rare discours à la gloire du Saint et employa pour texte ces paroles de l'énigme de Salomon : « *De forti egressa est dulcedo* »; — « Du fort est sorti la douceur », (Judic. XVI, 14). Aussi bien, de l'exercice des fortes et solides vertus, le Cœur de Jésus devait faire sortir la douceur et la suavité de son apôtre privilégié, qu'on a souvent comparé au pieux évêque de Genève.

Après son humble régence au collège d'Avignon, le P. Claude vint à Paris (1666). Il était appelé d'une province étrangère, sans doute à cause de son mérite exceptionnel, pour diriger les études et l'éducation des fils de Colbert, le célèbre ministre de Louis XIV. En même temps, il devait suivre les cours de théologie au *collège de Clermont*, qu'on nomma plus tard Louis-le-Grand, lequel comptait alors environ quinze cents élèves ou étudiants. Un plan sous vitrine marque la place exacte et rétablit l'aspect de ce vaste établissement. Toute une pléiade d'illustres Jésuites y étaient réunis. Qu'il suffise de citer les Pères Labbe, Rapin et de *La Rue;* tandis que, dans les autres maisons de la capitale, se trouvaient les Pères *Bourdaloue, Bouhours, Nouet, Le Moyne,* Charles Lallemant... Notre Vénérable fut instruit d'une manière plus ou moins directe à l'école de tous ces maîtres consommés en science et en vertu. Ne lui était-il pas nécessaire d'avoir cette formation solide, afin qu'il pût discerner un jour les voies les plus cachées de Dieu ?

Au milieu du dix-septième siècle, Paris était plus encore qu'aujourd'hui le principal foyer du mouvement intellectuel et social dans le monde. Par malheur, la capitale de la France était aussi dans le même temps le boulevard du jansénisme, cette hérésie froide et perfide, dont le venin ne devait être extirpé que par la douce et aimable dévotion au Cœur de Jésus. En attendant, la lutte était vive et acharnée. Personne n'ignore les coups terribles que reçut la Société, dont Claude de la Colombière était membre. Mais qu'importe, puisqu'à ce prix la victoire resta enfin au Christ et à son Église ! Il fallait bien encore qu'il connût pleinement le *mal*, celui qui aura l'insigne honneur d'être choisi pour en révéler et appliquer le *remède*.

Les deux élèves du jeune théologien profitèrent de ses leçons et de ses exemples. L'aîné, *Jean-Baptiste Colbert*, fut ministre de la marine, et l'autre, *Nicolas*, mourut archevêque de Rouen. Ces résultats purent consoler le maître d'une disgrâce, s'il est vrai, comme on l'a dit, que disgrâce il y eût... A la fin de ses hautes études, le futur Vénérable avait été ordonné prêtre dans l'Église de *Notre-Dame*, le 6 avril 1669. — Quand Paris fêtera la solennelle dédicace de la Basilique du Sacré Cœur à Montmartre, il se souviendra de l'humble fils de saint Ignace, qui a offert les prémices de son sacerdoce dans l'antique métropole. Et peut-être que le temps viendra où, sous les arceaux élevés par le Vœu National, un autel sera dédié à celui qui donna, à la France et à sa capitale, la dévotion en laquelle nous avons confiance et espoir. Dieu le veuille bientôt !

Claude de la Colombière rentra à Lyon à la fin de 1670, pour y rester jusqu'en février 1675, époque de sa profession. Il vint peu après à Paray, d'où il partit pour la ville de Londres, au mois d'octobre de l'année suivante. Nommé prédicateur de la duchesse d'York, *Marie-Éléonore d'Este*, il put porter jusqu'au sein de l'Angleterre calviniste, et auprès de de ses rois apostats, le culte nouveau du Cœur de Jésus. Il n'y manquera pas. Ce que produisirent d'ailleurs les efforts de son zèle, il le dit avec simplicité et modestie dans une lettre à son frère Humbert, maître des comptes à Grenoble. « Pour ce qui me regarde, je me porte bien, Dieu merci ! Je suis fort occupé à diverses choses, toutes pour la gloire de Notre-Seigneur. Au milieu de l'entière corruption que l'hérésie a produite en cette grande ville, je trouve bien de la ferveur et des vertus fort parfaites, une grande moisson toute prête à être cueillie et qui tombe sans peine sous la main, dont il plaît à Dieu de se servir… Au reste, je ne suis pas plus troublé par le tumulte de la cour que si j'étais dans un désert. » (Lettre 20e.)

Ces dernières paroles nous font connaître la sainte austérité, que le Vénérable Père sut garder au milieu même des distractions et des grandeurs mondaines. Son premier biographe l'explique plus en détail : « Le Père la Colombière eut son logement à Londres, dans le palais du roi » *Charles II*, à *Saint-James…* « Sa chambre ouvrait sur la place qui était devant le palais, et jamais il n'approcha des fenêtres, jamais il ne jeta les yeux sur les objets divers qu'elle lui présentait. Il est sorti de Londres, sans avoir assisté à aucun spectacle, sans avoir vu la moindre curiosité de la ville, sans avoir été une seule fois à la promenade. Il n'y a visité que des malades, ou des personnes à qui il espérait d'être utile. Tous les moments de la journée lui apportaient quelque nouvelle peine; et comme il cherchait à se mortifier sans cesse, il les recevait toutes avec joie. Nul soin de ménager ses forces et sa santé. Il se laissait nourrir à l'anglaise, quoiqu'il en souffrît beaucoup. Il n'eut pour lit qu'un matelas qu'il faisait étendre au milieu de sa chambre, quand il voulait se coucher. Il ne permit jamais qu'on lui allumât un feu particulier. C'était une sévérité sans relâche envers luimême; et les pénitences corporelles qu'il faisait lui donnaient encore un sentiment plus vif de toutes ses autres mortifications. » (*Préface* des Sermons.)

Une vertu si éminente jointe à son zèle ardent devait lui attirer des persécutions, dans un pays où la vraie foi était traitée en ennemie de l'État. C'est ce qui arriva. « Sur l'accusation d'un jeune homme du Dauphiné qu'il croyait avoir converti » (Lettre 58°), il fut cité devant le Parlement anglais, à *Westminster*, comme complice d'une prétendue conspiration des catholiques.

« Avant que d'entrer dans le parquet, on le fit attendre quelque temps dans une salle qui était tout proche, et là, à la vue d'une foule de toutes sortes de personnes, il prit son Bréviaire pour réciter l'Office divin. Il se présenta ensuite à ses juges avec une modestie qui était un préjugé sensible de son innocence... Mais après tout, c'était une nécessité d'en user avec le Père comme s'il eût été criminel. Il fut donc jeté dans la prison publique (de *King's Bench*), où il demeura environ un mois, et enfin, par un arrêt du Parlement, il fut condamné à un exil perpétuel d'Angleterre. Ce procès vaut un panégyrique entier à celui à qui il a été intenté. » (*Ibid.*) En effet, c'était la couronne des martyrs de la foi qui s'ajoutait à tous ses autres mérites. Il était frappé à mort. « Le Père de la Colombière ne fit que languir depuis son retour en France. Durant quatre ans, il cracha le sang. Il avait contracté cette maladie à Londres, dans les fatigues, de son emploi, dans les incommodités de sa prison et les rigueurs de sa pénitence. » (*Ibid.*)

Après un dernier séjour à Lyon (1679-81), la Providence voulut qu'il revînt à PARAY-LE-MONIAL, pour y finir ses jours, et laisser ses précieux restes au lieu même des apparitions du Cœur de JÉSUS. On peut dire qu'ici chaque monument et presque chaque maison rappelle notre Vénérable. Il fut « l'homme » ou plutôt « le saint de Paray ». Sa mémoire est restée vivante dans toutes les âmes qui se souviennent. Notre Galerie permettra de faire un pieux parcours dans les divers endroits, où il a marqué particulièrement son action.

C'est d'abord, par ordre de dignité, la *chapelle de la Visitation*, où Notre-Seigneur daigna parler à sa servante, Marguerite-Marie. Une première fois que le P. de la Colombière vint exhorter la Communauté des Religieuses à la grille du chœur, elle entendit ces paroles divines : « Voilà celui que je t'envoie. » (*Contemp.*, II, 403.) Cela se passait au commencement de 1675. La direction du serviteur de DIEU fut décisive pour reconnaître la vérité des révélations, qui étaient fort contestées au dedans comme au dehors du monastère. « Il me rassura, écrit la Bienheureuse, dans la voie difficile où j'étais, toute parsemée de croix et d'épines... Ce qui donna une paix inaltérable à mon âme. » (Voir II, 403-404.) Le Cœur de JÉSUS ne tardera pas à récompenser son apôtre, j'allais presque dire son défenseur.

« Une fois, dit encore la B. Marguerite-Marie, qu'il vint dire la messe dans notre église, Notre-Seigneur lui fit de très grandes grâces, et à moi aussi. Car, lorsque j'approchais pour Le recevoir par la sainte communion. Il me montra son Sacré Cœur comme une ardente fournaise, et deux autres cœurs qui s'y allaient unir et abîmer, en me disant : « C'est ainsi que mon pur amour unit ces trois cœurs *pour toujours*. » Et après, Il me fit entendre que cette union était toute pour la gloire de son Sacré Cœur dont Il voulait que je découvrisse au Père les trésors, afin qu'il en fît *connaître* et en *publiât* le prix et l'utilité. » (II, 404.) — Ce fut aussi dans la pieuse chapelle qu'eut lieu la célèbre vision du 2 juillet 1687. Le P. de la Colombière, mort depuis cinq ans, y apparut, et reçut pour la Compagnie de Jésus la mission, dont il avait été d'abord chargé personnellement.

Il y eut aussi plusieurs entrevues du Vénérable avec Marguerite-Marie, soit au *confessionnal* de la Communauté qui donne sur la seconde sacristie, soit au *parloir*, dont la disposition était à peu près la même qu'aujourd'hui. Ces lieux seront toujours dignes de respect, puisqu'ils ont été témoins de la rencontre des deux « Séraphins » de la grande révélation moderne. L'un éclairait et encourageait l'autre ; — tous deux rendaient gloire à Dieu et préparaient son règne parmi les hommes.

La belle église du *Doyenné*, qui est la *Basilique* actuelle, entendit plusieurs fois la parole pieuse et éloquente du P. Claude. Les Jésuites devaient y prêcher « tous les dimanches de l'Avent et du Carême, et les fêtes de la Vierge. » (*Convention* manusc.) Notre Vénérable remplit ce ministère pendant la première partie de l'année 1676. On peut deviner avec quel fruit. — Il eut aussi des rapports tout apostoliques avec la famille de Lyonne, dont le chef commandait le *château de Paray,* qui est devenu, après une heureuse restauration, la résidence de MM. les Chapelains. De l'autre côté du Doyenné, on voit encore, sur les bords de la Bourbince, l'ancien *hôpital de Saint-Joseph* fondé pour les pauvres par ses soins et les conseils de la Bienheureuse. — Il

Château de Paray (restauré) et Église du Doyenné.

nous faut remonter la rue principale de la petite cité, et nous nous trouvons en face de *l'église Saint-Nicolas,* dont le dôme aérien est si gracieux. Elle servait alors de paroisse. Le P. de la Colombière y prêcha souvent. Ses discours ramenèrent à la vraie foi un grand nombre d'hérétiques. Il fonda, avec le zélé concours de M. Bouillet, curé de Paray, la Congrégation des Messieurs, qui réunissait, sous le patronage de la Sainte Vierge, les nobles et les bourgeois, c'est-à-dire toute la classe dirigeante de la ville.

Mais nous sommes arrivés près de la *Résidence* et du *Collège des Pères*, où le serviteur de Dieu habita pendant deux ans et quelques mois. C'est tout l'espace compris entre les maisons Gouttenoire et de Daron inclusivement. On a fait depuis divers agrandissements assez considérables. Cependant, l'aspect primitif des lieux est facile à reconstituer. Il est à noter que les Visitandines habitèrent là tout d'abord; et sainte Chantal y vint voir ses filles alors fort éprouvées.

En cet endroit, les pieux pèlerins ne manqueront pas de remarquer une vieille porte, dont le seuil a été usé par les pieds des passants. C'était l'entrée de *l'église du Collège*, dont le Vénérable avait préparé la construction. Elle fut terminée en 1684. Plusieurs grands arceaux se dessinent encore dans la muraille. Sur la même ligne, un peu moins en avant, il y a une ouverture murée avec des pierres de taille. C'est par là qu'on pénétrait dans la *petite chapelle* primitive, où le P. de la Colombière célébra presque tous les jours la sainte messe. Son corps y reposa depuis le lendemain de sa mort, 16 février 1682, jusqu'en 1686, époque où il fut transféré dans la nouvelle église, dont nous venons de parler. On sait qu'il n'en sortit que pour être confié à la Visitation (1763). Combien ces deux sanctuaires sont précieux, et qu'il serait désirable de les voir dédiés un jour à la mémoire de l'apôtre du Sacré Cœur! Nous en gardons, comme des reliques, les *tabernacles* que le généreux propriétaire a bien voulu nous offrir.

Avant de rentrer à la *maison la Colombière*, qui possède désormais le tombeau du Vénérable, saluons en passant le pensionnat du Saint-Sacrement. C'était autrefois le *couvent des Ursulines*. La chapelle entendit aussi le P. Claude prêcher à la communauté aux pensionnaires et à un petit auditoire de choix invité du dehors. Il opéra là, comme partout, des prodiges de salut et de sanctification. Nous citerons la conversion de Mlle Marie-Rosalie de Lyonne, une joyeuse et fière mondaine de l'époque, qui finit par se donner généreusement au divin Roi dans le couvent de la Visitation, où elle devint la disciple et l'émule de Marguerite-Marie.

On pourrait être étonné que le Cœur de JÉSUS ait, en si peu de temps, exécuté tant de choses admirables par le ministère de son premier apôtre. Mais n'est-ce pas l'accomplissement d'une des promesses faites « en faveur des prêtres qui propageront cette dévotion » ?

Il nous est doux de rappeler ici que le P. de la Colombière exerça son zèle, comme *missionnaire,* aux environs de Paray, dans les terres de la fameuse abbaye de la *Bénissons*-DIEU ! Il a écrit lui-même : « Les fruits de ces saints exercices (de la Mission) ne peuvent être compris que par ceux qui les recueillent : ce sont comme des torrents de feu qui consument tous les vices, qui changent, qui purifient, qui renouvellent toutes choses. On voit des bourgades entières passer, en quinze jours, d'une ignorance grossière à une connaissance de DIEU très parfaite. On compte jusqu'à huit ou neuf cents confessions générales dans les villages qui ne sont que de mille communiants... J'ai eu peine moi-même d'en croire à mes oreilles et à mes yeux. (*Orais. fun.* de l'abbesse de Nérestang.) Ces paroles révèlent encore un homme qui appartenait à l'école des grands maîtres et qui suivait la pratique des grands ouvriers apostoliques.

GRACES RÉCENTES OBTENUES PAR L'INTERCESSION DU VÉNÉRABLE

Les saints ne meurent pas tout entiers. Après eux, ils laissent des œuvres vivantes ; et parfois Dieu donne à leurs ossements desséchés une vertu surnaturelle qui éclate en merveilles. C'est ce qui semble être arrivé pour le Vénérable de la Colombière. La Bienheureuse parle déjà d'une faveur qu'elle obtint elle-même : « Je dois à son intercession la guérison d'un doigt, où j'avais le même mal qu'à un, que l'on m'ouvrit l'année passée, avec un rasoir, en plusieurs endroits. (*Lettre* à la mère de Saumaise.) D'autre part, le biographe contemporain témoigne que « des personnes les plus qualifiées, les plus vertueuses et les plus spirituelles du royaume, ont assuré qu'il s'est opéré des prodiges par son entremise. » (*Préface* des Sermons.) Nous avons vu déjà que cette confiance s'était continuée à travers les siècles. Elle est maintenant plus vive et plus ardente que jamais. De tous côtés, on nous envoie des demandes de *reliques* et de *prières* pour obtenir des grâces et des guérisons. Nous sommes loin de vouloir prévenir le jugement de la sainte Église, à qui il appartient de prononcer sur les faits miraculeux. Toutefois, on nous permettra de citer, avec une humble et entière soumission à l'autorité du Saint-Siège, quelques récits qui nous ont été communiqués dans ces derniers temps.

Il va sans dire que les requêtes ont été plus nombreuses que les faveurs accordées. Ces demandes venaient de toutes les classes de la société. Ici, c'est un bon Docteur en médecine qui écrit :

« Nous avons grand besoin, mes enfants et moi, du secours de votre futur Bienheureux. J'ose espérer qu'il ne restera pas sourd à ma prière ; car je sollicite avant tout des grâces spirituelles... »

Ailleurs, c'est un brave ouvrier couvreur, de la Lozère, dont la demande paraîtra bien touchante dans sa simplicité :

« Je suis atteint de diverses maladies rhumatismales, et je ne puis faire mon travail qu'avec beaucoup de peine ; cependant, étant

Croix pastorale du Pape S. Pie V (Collection du Hiéron).

père de six enfants, je n'ai pas besoin de rester oisif... Je désirerais beaucoup recourir au vénérable Père et faire sa Neuvaine, qui doit commencer le 6 février et finir le 15, jour de son saint trépas. Envoyez-moi une ou deux reliques, si cela est possible, et la prière pour la Neuvaine... »

Espérons que tant de foi aura été récompensée.

Mais il arrive qu'après la grâce obtenue, on n'ose la faire

connaître, si ce n'est que timidement. Voici une lettre de ce genre, qui nous est adressée de Vienne, dans l'Isère :

Nous avons, comme j'ai eu l'honneur de vous le dire, deux portraits du P. de la Colombière et de la B. Marguerite-Marie, placés de chaque côté de l'autel du Sacré Cœur, à Saint-André-le-Haut, comme simples ornements. Quelques personnes ont eu la bonne pensée de prier le P. de la Colombière. L'une d'elles, une dame qui a grande confiance, avait promis un don à cette chapelle, si son fils guérissait, car il était abandonné par les médecins. Il est parfaitement guéri depuis le mois de mai 1894. Comme elle avait promis de le déclarer elle-même, elle m'avait chargée de vous faire parvenir sa lettre. C'est cette lettre que je vous envoie ci-jointe... Le fils, âgé de vingt-deux ans, est parfaitement guéri ; mais je crois que le nom de la personne ne devrait pas figurer, étant dans les affaires... »

L'heureuse mère écrit elle-même en effet :

« Ayant obtenu la guérison miraculeuse de mon fils, par l'intermédiaire du Vén. P. de la Colombière, je vous prie de vouloir bien l'insérer dans vos Annales. Pour des raisons qui me sont personnelles, je vous prierais seulement de ne mettre que mes initiales après cette annonce. » V. C.

La négligence à tenir ses promesses est parfois la cause de certaines rechutes. Un commis-voyageur, que nous avons rencontré en pèlerinage à Paray, avec sa famille, nous a raconté d'abord de vive voix, et il nous a ensuite écrit le fait suivant :

« C'était au commencement de juin 1888, j'étais atteint d'une névralgie sciatique qui me torturait affreusement depuis plus de quatre mois ; le traitement qui m'avait été, dès le début, ordonné par le médecin n'ayant pas réussi, je n'y étais pas revenu. Je me résignais donc à me traîner péniblement comme je pouvais. Ma douleur était parfois si déchirante que j'étais forcé de me laisser tomber par terre ; et la nuit, je me tordais sur mon lit de douleur sans pouvoir prendre de repos. Me trouvant alors de passage à Paray-le-Monial, il me fut permis d'aller m'agenouiller sur le tombeau du Vén. P. de la Colombière, où je lui demandai ma guérison par une prière ardente, faisant de plus cette promesse de me confesser, ce qui n'était pas arrivé depuis *quinze ans*. Pendant ma prière et tout le reste de la journée, j'étais profondément impressionné, et la douleur qui m'affligeait semblait redoubler mes tortures. Cependant, j'espérais toujours. Ma résolution était prise : que je reste affligé ou non, je pratiquerai ma religion le mieux que je pourrai... Le soir, je me couchai après avoir fait ma prière de mon mieux. Je m'endormis d'un excellent sommeil, et le lendemain matin je me réveillai radicalement guéri.

« Il est bien entendu que, depuis ce temps, j'ai tenu ma promesse. — Cependant voici ce qui rend le fait plus frappant. Au printemps de 1889, un an après, je me trouvais de passage chez un client, où on critiquait les œuvres de Paray-le-Monial. Je me laissai aller au doute, et je pensai : bah ! si je me suis trouvé guéri, c'est là sans doute une coïncidence bien surprenante, mais cela ne prouve pas que j'aie été l'objet d'une faveur particulière... Attendez !... Voilà que cette douloureuse torture, que je n'avais pas ressentie depuis un an, m'empoignait subitement. Je compris mon tort, je me repentis et je promis de ne plus douter si je guérissais encore cette fois, ce que je considérerais comme une preuve irréfutable. De même que la première fois, le lendemain matin, le mal avait disparu, et depuis lors je n'en ai plus jamais rien ressenti.

« Voilà, mon Révérend Père, le récit pur et simple des faveurs particulières que j'ai cru et crois toujours avoir obtenues par l'intercession du P. de la Colombière.

« N. LAPRAY,

« Voyageur à Santenay (Côte-d'Or), 23 février 1893. »

Nous tenons du R. P. de Franciosi qu'un personnage, qui occupe une fonction publique, avait été guéri dans les circonstances suivantes racontées par la pieuse épouse du malade.

« Pendant notre séjour à P..., mon mari fut atteint d'une maladie d'estomac très douloureuse, accompagnée de vomissements presque journaliers d'acide chlorhydrique très abondants. Les médecins consultés ne purent ni guérir, ni même apporter du soulagement. J'eus un jour la pensée d'appliquer, à l'insu du malade, de l'effilure de soie posée sur les ossements du Vén. P. de la Colombière. — Ce soir-là, à l'encontre de ce qui se passait ordinairement, mon mari s'endormit. Réveillé en sursaut, il lui sembla voir un homme de grande taille, revêtu de l'habit de la Compagnie. Il se mit sur son séant pour mieux voir, la chambre n'étant qu'imparfaitement éclairée. A ce moment, le personnage vint droit à lui, posa sa main sur le point douloureux, ce qui occasionna une violente souffrance et arracha au patient un grand cri... Puis celui-ci s'endormit et ne se réveilla qu'au matin, ce qui ne lui était pas arrivé depuis longtemps. A-t-il vu réellement le Vénérable? C'est ce que nous ne saurions dire. Mais à partir de ce moment, toute douleur disparut, les vomissements cessèrent et l'appétit revint comme par miracle... »

Il y aurait encore toutes sortes de grâces à signaler. — Une mère écrit de Rouen :

« Il me tarde de vous dire que la neuvaine que je vous demandais, il y a quinze jours, a été exaucée. Mon fils a trouvé un emploi, qui semble devoir lui donner satisfaction. Les négociations à ce sujet ont commencé à l'issue de la neuvaine. »

Une autre personne, qui porte un nom distingué, nous signale la guérison de son époux :

« Mon mari ayant été fort souffrant, et les deux médecins qui le soignaient redoutant des complications graves, qui semblaient presque certaines, je l'ai recommandé à la Vénérable Jeanne d'Arc et au P. de la Colombière, promettant de faire dire une neuvaine de messes au tombeau du Vénérable Père, et de faire connaître le résultat dans le *Messager du Cœur de Jésus*. Maintenant, mon malade se remet lentement, il est vrai, mais enfin la maladie est guérie et les complications ont été écartées. Déjà, il y a quatre ans, j'avais fait porter à mon mari, atteint d'une pleurésie, des reliques du P. de la Colombière, qu'il a toujours gardées depuis ce temps...

« N. de L... »

Une respectable septuagénaire, guérie aussi une première fois, voudrait l'être encore, « afin de fermer les yeux à son mari qui a quatre-vingts ans ». C'est ici la petite nièce qui nous écrit :

« Une de mes grandes tantes, Mme X..., avait reçu du R. P. V... une feuille imprimée, contenant une prière de Neuvaine au R. P. de la Colombière. Ma vieille tante était à ce moment à la dernière phase d'une maladie intérieure, un kyste; elle se désolait de laisser son mari, qui, moins bon chrétien qu'elle, avait encore grand besoin de ses soins et de ses exhortations. Une neuvaine fut donc faite au Vénérable, et avant qu'elle fût terminée, il se produisit un phénomène inespéré par les médecins. La tumeur se vida elle-même de l'eau qu'elle contenait et qui étouffait la malade. Naturellement ma tante attribua ce prolongement de vie à l'intervention du P. de la Colombière.

« BERTHE DE F... »

Nous venons de voir et d'entendre une religieuse de Saint-Joseph de Lyon, dont la guérison est attestée par toute sa Communauté. Elle écrit :

« J'avais un mal d'yeux qui m'empêchait de lire et de faire aucun travail appliqué. Pendant trois ans, j'ai consulté plusieurs médecins et un spécialiste de Lyon, M. Horand. Tous les remèdes ont été inutiles. A la fin, j'ai fait une Neuvaine avec mes sœurs, en l'honneur du Vén. P. de la Colombière, promettant un pèlerinage à son tombeau, si je guérissais. Depuis trois jours, tout collyre avait été mis de côté ; mais le mal semblait empirer. Au sixième jour de la Neuvaine, j'étais guérie ; et je fais aujourd'hui mon pèlerinage d'actions de grâces.

« Le 17 avril 1893.

« Sœur ALEXANDRE DE LA CROIX,
« A Boyer (Loire). »

Terminons par un récit plus détaillé, qui rapporte la guérison d'un Frère du Sacré-Cœur.

« *Paradis*, près Le Puy, 8 février 1894.

« J'étais chargé du cours préparatoire de français au collège Saint-Gabriel, à Saint-Affrique (Aveyron), lorsque se manifestèrent en moi les symptômes d'un mal terrible. C'était en 1876. M. Ancessy, docteur-médecin au collège, appelé à me donner les premiers soins, me déclara bientôt que j'étais atteint d'épilepsie et qu'il jugeait déjà ma maladie incurable. Il fallut donc renoncer à l'enseignement. Rappelé à la Maison-Mère, je suivis exactement la médication prescrite. Je recourus à tous les moyens imaginables. Mais, hélas! tout fut impuissant à enrayer le mal. Les crises d'abord assez rares devinrent avec le temps fréquentes, très fréquentes. Presque pas de semaine, que dis-je? presque pas de jour, où je n'eusse quelque attaque. Je ne pouvais plus me faire illusion : mon mal était sans remède. Qu'allais-je devenir? Je n'avais en perspective qu'une mort inopinée ou l'aliénation mentale, terme ordinaire de l'épilepsie. Telle était ma situation, lorsque, à bout de ressources du côté de la terre, je résolus de m'adresser au ciel.

« J'avais toujours eu une grande confiance en la protection du V. P. de la Colombière, et cette confiance avait grandi avec la dévotion au Sacré Cœur, que pratique d'une manière particulière notre Institut. Aussi, dès que mes yeux furent dirigés vers le surnaturel, la pensée de ce fervent disciple du Cœur de Jésus s'offrit à mon esprit. Une neuvaine fut décidée. Pour la rendre plus efficace, je demandai quelques reliques du V. P. de la Colombière. On m'envoya de Paray deux sachets renfermant de la soie qui avait touché les restes du Vénérable. Je mis ces précieuses reliques sur moi et je commençai avec quelques-uns de mes confrères une neuvaine de prières au Sacré Cœur, par l'intercession du V. P. de la Colombière. C'était en février 1891.

« Le résultat fut tel que je l'avais espéré. Depuis cette date, en effet, plus de crise, pas le moindre symptôme épileptiforme...

« Fr. SERGIUS. »

Tous ces faits, qu'il serait facile de multiplier, encourageront et exciteront sans doute la confiance. Que personne ne désespère, s'il n'a pas été exaucé ! Qu'il redouble plutôt de prières et de ferveur ! L'apôtre du Sacré Cœur est plus puissant que jamais auprès de Dieu, disait déjà la B. Marguerite-Marie, peu après la mort de son pieux Directeur. Mais il faut que nos supplications soient ardentes et empressées; il faut que nos cœurs soient humbles et purs ; il faut avant tout que nos âmes soient soumises à la sainte volonté de Dieu.

Nous désirons que les pèlerins de Paray viennent désormais nombreux, pour visiter le tombeau du Vénérable et honorer le Cœur de Jésus. Tous nos vœux seront comblés, s'ils peuvent hâter le jour où cette dépouille précieuse sortira de son obscurité séculaire, pour briller enfin à la grande lumière d'une solennelle Béatification. Pour cela, il est nécessaire qu'il y ait encore plus de merveilles, et partant plus de foi et d'ardeur dans nos supplications.

Juin 1895.

TRIOMPHE DOCTRINAL DE JÉSUS-CHRIST

ROI DANS LA SAINTE EUCHARISTIE

Le mois de juin est sans contredit le plus beau mois de l'année pour notre petite cité de Paray-le-Monial. Tandis que la nature étale aux regards une splendide fleuraison et que les grands arbres ont revêtu leur épais feuillage, les pèlerins arrivent plus nombreux dans nos sanctuaires et font retentir tous les échos de leurs pieux cantiques.

C'est aussi l'époque qui nous rappelle les plus précieux souvenirs, les principales révélations de Notre-Seigneur et les inoubliables pèlerinages de 1873 et de 1874. Par une coïncidence remarquable, la fête du Sacré-Cœur tombe cette année au même jour qu'en 1675. On se souviendra qu'à cette date précise le Vén. P. de la Colombière s'unit à la B. Marguerite-Marie, pour présenter un premier hommage qui répondit au désir nouvellement exprimé par le divin Maître au sujet de cette solennité. Les Contemporaines de la sainte Voyante n'ont pas oublié de noter ce fait important. « Il se consacra, disent-elles, entièrement au Sacré Cœur de Jésus et lui offrit tout ce qu'il crut en lui capable de l'honorer et de lui plaire. Cette consécration eut lieu le vendredi, vingt-unième de juin 1675. Ce jour suivait l'Octave du Très Saint-Sacrement et peut être regardé comme celui où la dévotion au Sacré Cœur fit sa première conquête. » (I, 125.)

Il y a deux cent vingt ans que cela se passait. Mais le temps n'est sans doute plus éloigné où les deux apôtres, choisis alors pour répandre le culte nouveau, seront unis dans la même gloire. Quelle fête en ce jour-là! Et ce sera peut-être une de ces prochaines années. Car le Souverain Pontife Léon XIII vient de redire, au T. R. P. Général de la Compagnie de Jésus, que la cause du P. Claude de la Colombière lui est « très chère ». Il a ajouté qu'elle « est bien avancée et presque certaine, et qu'il la recommande instamment à la laborieuse sollicitude du Cardinal Préfet des Rites... » Ces excellentes paroles, il va sans dire, nous ont comblés de joie à Paray-le-Monial. Elles ne manqueront pas d'exciter l'espoir et la confiance de tous les fidèles. Qu'ils viennent, des diverses parties de la France et du monde chrétien, s'agenouiller encore sur l'humble dalle du tombeau, avant qu'elle se soulève et se change en une châsse dorée! Qu'ils apportent à l'envi leurs pieuses requêtes, pour profiter du « passage de l'Ange de Dieu »! C'est maintenant l'époque des merveilles, puisque ce sera bientôt, nous l'espérons, le jour du triomphe.

FAVEURS APOSTOLIQUES ACCORDÉES A L'INSTITUT DES FASTES

Il est une Œuvre, née à l'ombre de nos chapelles et sous la protection de nos Saints de Paray, qui semble destinée par la Providence à mettre en relief le côté social des révélations du Sacré Cœur. Il s'agit de l'institut des *Fastes eucharistiques,* dont l'action, d'abord faible et obscure, devient de plus en plus manifeste et puissante. Ce n'est pas à dire

Rodolphe de Habsburg rend *hommage* au Saint-Sacrement. Il reçoit en récompense *l'Empire,* pour lui et ses successeurs (Rubens)
(Collection du Hiéron).

que les contradictions, auxquelles il faut bien s'attendre, lui aient jamais fait défaut ; mais la victoire paraît désormais succéder à une longue période de lutte, soutenue dans la patience et l'humilité. « Et ne fallait-il pas que le Christ-*Roi* souffrît et qu'il entrât ainsi dans sa gloire ? » (Luc. XXIV, 26.) La doctrine du Règne eucharistique, — sans parler encore de la pratique, — devait subir cette loi générale qui régit l'ordre du monde chrétien : la faiblesse produit la force, l'abaissement précède l'exaltation. D'ailleurs Jésus-Hostie avait dit à la B. Marguerite-Marie, du fond de son Tabernacle : « Je régnerai malgré mes ennemis et tous ceux qui voudront « s'y opposer. » (*Contemp.*, II, 328.)

Cette promesse divine avait fortifié jusqu'ici les courages; mais voilà que le Saint-Siège comble de ses faveurs la Société des Fastes. Léon XIII, dont l'intuition est si profonde et l'autorité si incontestable, vient de lui accorder, avec des *grâces* insignes, les plus éclatantes approbations. Avides que nous sommes de toute vérité et plus jaloux encore de saine orthodoxie, nous avons hâte d'offrir ces documents à nos lecteurs, qui partageront les mêmes sentiments. Ces actes pontificaux feront sans doute cesser les malentendus et les hésitations; ils nous paraissent capables de forcer tous les respects, en attendant qu'ils entraînent toutes les volontés. C'est le vœu exprimé par le Souverain Pontife.

Le *Hiéron* ou *Musée eucharistique* de Paray-le-Monial, qui est le centre et le siège principal de l'Institut des Fastes, a reçu dernièrement l'heureuse nouvelle de la confirmation des *indulgences* qui avaient été accordées en 1888, alors que l'Œuvre n'avait pas pris tout le développement actuel. Elles étaient expirées depuis deux ans. Un récent décret du 12 février 1895 les renouvelle, en faveur des membres de la Société, pour une période de cinq années : « *ad quinquennium* ». « Il y a quatre indulgences plénières par an, aux principales fêtes choisies par l'Institut; de plus, une indulgence plénière *in articulo mortis* à tous les associés, prêtres ou laïques; enfin les prêtres ont la faveur de l'autel privilégié, personnel, trois fois par semaine. » (Cf. 2ᵉ Cahier des *Fastes*, 84-87). C'est là une première consolation, qui réjouira tous les amis du Cœur de Jésus, puisqu'il n'est question après tout que de procurer sa plus grande gloire.

Il y a mieux encore. Nous avons dit ailleurs la part considérable que la Société des Fastes a eue au célèbre *Congrès eucharistique* de Turin, dont elle a si merveilleusement préparé les travaux et assuré le succès. Le Pape Léon XIII vient d'adresser à l'épiscopat piémontais un Bref, qui est rempli d'encouragements pour tous les promoteurs de ces sortes de réunions catholiques, et pour les Congrès eucharistiques en particulier. Il débute ainsi : « Tandis qu'un grand nombre d'hommes, négligeant leurs intérêts éternels, consacrent toute leur ardeur à la recherche des biens fragiles de cette vie, on doit puiser un motif de douce consolation dans ce fait, que des catholiques, se réunissant par intervalles dans de solennelles assemblées, guidés par la foi et faisant appel au concours des *sciences profanes* elles-mêmes, s'efforcent d'éclairer les esprits et de ramener les âmes à la pensée de l'éternité. Parmi les plus importantes de ces réunions, nous avons la conviction qu'il faut placer, à raison de la noblesse de leur but et de l'abondance des fruits qu'il est permis d'en espérer, celles qui, tirant leur nom de la *sainte Eucharistie*, tendent à accroître et à étendre l'honneur rendu à Notre Sauveur Jésus-Christ, qui est avec nous dans ce Sacrement jusqu'à la consommation des siècles. Rien, en effet, n'est plus efficace que cette dévotion envers le Très Saint-Sacrement profondément gravée dans le cœur des fidèles, pour ranimer chez eux l'amour du Christ lui-même, pour unir les hommes par les liens de cette paix et de cette mutuelle bienveillance, qui sont si nécessaires au peuple chrétien et à l'état civil. Aussi avons-nous eu pour très agréables les rapports qui nous ont été faits au sujet des heureux résultats du Congrès eucharistique de Turin... »

Le Pontife suprême de la sainte Église fait suivre ces paroles d'un éloge magnifique à l'adresse spéciale de l'Institut des Fastes. « Ce qui a mis le comble à notre joie, dit-il, c'est l'établissement, dans cette capitale, de la *Société des Fastes eucharistiques*, comme on l'appelle : Société qui s'efforce d'entraîner les hommes au plus grand bien, par ses écrits et par ses actes, en provoquant surtout les hommages dus à l'Eucharistie. Déjà, dans d'autres circonstances, nous avons encouragé par de justes louanges les travaux (*studia*) de cet Institut; mais nous voulons les recommander encore, dans l'espoir des fruits précieux que nous en attendons... » (*Bref* du 26 janvier 1895.)

En bénissant avec tant de bienveillance les efforts de cette Société, Léon XIII avait sans doute principalement en vue la grandeur du *but* qu'elle poursuit. N'est-ce pas déjà, par le temps d'obscurité et de désorientation presque générale où nous vivons, un précieux avantage que de marcher dans une *voie sûre*, quoi qu'on puisse penser de l'allure de ceux qui la suivent ? Faute d'une telle direction, plusieurs ont pu s'égarer, en prenant leurs illusions pour la vérité. Les écrivains des Fastes sauront du moins qu'ils ne se trompent pas en défendant le Règne social de Jésus-Christ dans le Saint-Sacrement. S'il fallait une preuve plus explicite encore, elle leur a été donnée par l'approbation d'un acte d'*hommage* à Jésus-Christ *Roi dans l'Eucharistie*, auquel le Saint-Siège a attaché de nombreuses indulgences. — Voici la formule que nous traduisons d'après l'original italien. On en saisira la grande portée.

Le duc de Brunswick se convertit à la vue de S. Joseph de Cupertin, élevé dans les airs pendant qu'il portait le Saint Sacrement (Van-Loo)
(Collection du Hiéron).

HOMMAGE A JÉSUS-CHRIST SACRAMENTÉ [1]
NOTRE DIEU ET NOTRE ROI

Adorable Sauveur, notre Rédempteur Jésus-Christ, qui, dans les impénétrables desseins de votre infinie sagesse, permettez l'audace des impies et l'envahissement de l'iniquité, tout en vous réservant de juger l'impie et ses œuvres perverses, jetez un regard de miséricorde sur vos fils qui dans l'aveuglement de leur cœur se sont révoltés contre vous. Avec votre bonté de Père et votre puissance de Souverain Roi de l'univers, étendez votre main bienfaisante et régénératrice sur la société moderne, qui ose vous résister, à vous, le Roi des rois, et le Seigneur des seigneurs. Ayez pitié de votre peuple, que vous avez racheté de votre sang, régénéré par votre grâce, et exalté dans votre amour. Vous lui aviez donné la vraie liberté, vous l'aviez appelé à l'héritage de votre Père céleste, vous l'aviez adopté ; mais, dans le délire de sa rébellion, il préfère la servitude de Satan et une vie abjecte, malheureuse, qui le laisse sans espérance.

Seigneur Jésus-Christ, Roi de l'éternelle gloire, restaurateur de toutes les choses qui sont au ciel et sur la terre, Souverain tout puissant qui, avec une sagesse infinie, réunissez à vos pieds ce qui est dispersé ; vous qui éclairez les rois de la terre et les maîtres des nations, faites pénétrer votre esprit dans toutes les sociétés civiles, dans les gouvernements de quelque forme qu'ils soient, dans les lois, dans les armées ; faites que toutes les autorités de la terre reconnaissent en vous la majesté de Dieu, l'éternel principe d'où toute puissance découle. Éclairez les peuples, afin qu'ils sachent que vous êtes la source de leurs droits et de leurs devoirs,

---

1. Nous nous servons de ce néologisme de « Sacramenté », qui répond seul exactement au mot italien « Sacramentato ». Il ne pourra étonner ceux qui connaissent l'usage constant dans l'Église d'employer un mot nouveau pour préciser davantage une vérité.

que par vous les rois de la terre commandent, et qu'à vous, princes et peuples doivent obéissance.

Très aimable Jésus, qui avez daigné descendre dans cette vallée de larmes et habiter avec nous, qui avez souffert et êtes mort pour nous sauver, pauvres pécheurs, et qui, dans l'excès de votre amour, avez établi votre demeure au milieu des hommes, en cachant sous les espèces sacramentelles la plénitude de votre divinité, vous qui êtes corporellement présent dans nos tabernacles et qui vous faites la nourriture et la vie de nos âmes, oh! accueillez l'humble, mais sincère et profond hommage de nos cœurs en amende honorable pour les prévarications des rebelles. Nous croyons fermement en vous, par la foi que le Saint-Esprit a répandue dans nos cœurs ; nous vous reconnaissons comme le principe et la fin de tout ce qui existe; nous vous adorons comme le Dieu unique et véritable; nous ne voulons vivre que pour vous et votre seul service. Mais vous, ô Seigneur, sauvez nos frères, rassemblez les membres dispersés de la société moderne qui s'est égarée, afin que tous nos frères réunis ensemble, nous soyons une seule chose avec vous, comme vous êtes *un* avec votre Père, qui est aux cieux. Que votre volonté soit faite par tous et en tout, que votre majesté éclate sur le trône de votre règne social, et que le monde vous proclame vrai Fils de Dieu, par qui tout a été créé.

O Jésus, Dieu d'amour, délivrez de ses chaînes votre Vicaire, le successeur de Pierre, rétablissez-le dans le plein exercice de la liberté que vous lui avez donnée vous-même, avec le pouvoir suprême des clefs, afin qu'il puisse continuer efficacement votre œuvre de régénération de l'humanité, et que soit hâté ce jour tant désiré, où vous serez glorifié par le retour de la société pécheresse et prodigue dans la maison de son Père. Rassemblez, vous qui êtes le Roi des nations, tous les agneaux et les brebis sous la houlette de l'unique Pasteur. Seigneur, ne nous abandonnez pas ; nous sommes vos enfants, nous vous aimons, reconnaissez-nous encore pour vos fils; quoique indignes, nous sommes toujours vos enfants ; sauvez-nous donc, et, avec nous, sauvez les rois, les gouvernements et les nations. Ainsi soit-il.

Il y a dans ces chaleureux accents « le cri du cœur », qui pourrait être « le cri du salut » pour le monde moderne. La doctrine sociale de l'*Institut des Fastes* se trouve résumée dans le *titre* même de l'Hommage; elle est éloquemment développée dans toute la *teneur* de la formule, qui s'adresse au Roi-Hostie. Quel beau spectacle, si l'on voyait les foules répéter cette ardente prière devant le Saint-Sacrement exposé! C'est dans le but d'encourager à ce grand acte que la Sacrée Congrégation y a attaché les plus insignes faveurs.

« 1º Une *Indulgence plénière* est accordée à quiconque, ayant les dispositions requises, récite avec le prêtre le susdit hommage devant le Saint-Sacrement, pour la solennité de la *Fête*-Dieu et un jour de l'octave; une fois pendant l'exposition des *Quarante-Heures*; pour *deux jeudis* qui seront désignés par l'Ordinaire. 2º Une indulgence de *sept ans et de sept quarantaines* est accordée pour tous les autres jeudis, si on récite la formule avec les prêtres. Il y a *trois cents jours*, une fois le jour, pour qui la récite devant le Saint Sacrement, et *cent jours*, une fois le jour, si on le fait en son particulier. »

Le décret est signé par l'éminent cardinal Persico, Préfet des Indulgences, et il porte la date du 15 février 1895, qui est l'anniversaire de la mort du Vén. la Colombière. Il est bien permis de penser que l'apôtre du Sacré Cœur aura contribué du haut du ciel à obtenir cette bénédiction pour l'Institut des Fastes, qui a été longtemps abrité sous le même toit que son tombeau. Tout le premier il aura reconnu, avec son grand esprit, l'importance des révélations du Cœur de Jésus au point de vue social. Il paraît également certain qu'il se regardait comme étant chargé d'une mission spéciale envers la divine Eucharistie. On en a la preuve dans ses notes intimes écrites à Londres en 1677 : « Finissant cette retraite, dit-il, plein de confiance en la miséricorde de mon Dieu, je me suis fait une loi de procurer, par toutes les voies possibles, l'exécution de ce qui me fut *prescrit* de la part de mon adorable Maître, à l'égard de son précieux Corps dans le Très Saint-Sacrement. » (*Retraite spir.*, append. 173.)

D'ailleurs, les deux dévotions au Sacré Cœur et à l'Eucharistie se touchent en bien des points et, à certains égards, se confondent. C'est de son tabernacle que Jésus a demandé à ses fidèles un culte privé et social envers son divin Cœur, afin qu'ils répondissent ainsi à son immense amour pour les hommes dans l'auguste Sacrement des autels. « J'ai une soif ardente d'être aimé des hommes dans le Très Saint-Sacrement, et je ne trouve presque personne qui s'efforce selon mon désir de me désaltérer, en usant envers moi de quelque retour. » (*Contemp.*, II, 328.) Ce juste retour, nous le donnerons en faisant hommage de tout notre être et de toute notre influence à Jésus-Christ *sacramenté*, notre Dieu et notre Roi.

Sceau du Concordat entre Léon X et François Ier.

TABLE DES MATIÈRES

	Pages.
Préface	9
Le Mouvement de la dévotion à Paray-le-Monial	17
Débuts de l'année jubilaire de l'apostolat de la prière et du quarantième anniversaire de la communion réparatrice	20
La Communion réparatrice. État jusqu'en 1893	45
Premières fêtes à la Visitation	68
Progrès de la dévotion au Vén. P. de la Colombière	82
Le culte antique de la sainte Vierge à Paray	94
L'ordre monastique de Cluny prépare la dévotion au Sacré Cœur	109
Fête du Sacré-Cœur de Jésus, autrefois et aujourd'hui	121
Nombreux pèlerinages collectifs	137
Les vacances à Paray. La Communion réparatrice au Congrès de Reims	147
Hiéron ou Musée eucharistique	161
Influence des œuvres de Paray au point de vue de la question sociale	177
La réparation envers l'Eucharistie et pour les morts	191
Vœux et espérances pour la nouvelle année. Lourdes et Paray	203
La Communion réparatrice. Idée providentielle	215
L'hiver à Paray-le-Monial. Culte de la Sainte Famille. P. Ginhac.	229
Le tombeau du vénérable Claude de la Colombière	245
Triomphe doctrinal de Jésus Christ. Roi au Très Saint-Sacrement.	273

TABLE DES GRAVURES

	Pages
Le Sacré Cœur d'après le Fr. Coronas, S. J.	6
Sa Sainteté Léon XIII	16
Vue de Paray-le-Monial prise du côté du jardin de la Visitation	19
Le Révérendissime Dom Sébastien, général de l'ordre Cistercien	22
Châsse de la Bienheureuse Marguerite-Marie	30
La Chapelle de la Visitation où le cœur de Jésus se révéla à la Bienheureuse Marguerite-Marie	39
Le P. V. Drevon, fondateur de la Communion réparatrice	47
Arche eucharistique (beau travail en vieil ivoire). (Collection du Hiéron)	51
Châsse expiatoire des attentats de Montceau-les-Mines. (Don de Mme L. Chagot au Hiéron de Paray)	57
Mgr Perraud, évêque d'Autun, cardinal de la Sainte Église	68
Communion miraculeuse de Sainte Thérèse d'après un tableau du Hiéron de Paray	76
Vue de la maison la Colombière	86
L'Annonciation d'après André del Sarto. Marie est saluée nouvelle Ève par l'Ange Gabriel	93
Sanctuaire de N.-D. de Romay	100
Notre-Dame de Romay	101
L'ancienne Église (Basilique actuelle) et le monastère des Clunistes à Paray-le-Monial	112
L'Allée de Platanes plantée par le Cardinal de Bouillon, abbé de Cluny, vers 1700	115
L'Intérieur de la Chapelle de N.-D. de Romay	125
Premier culte rendu au Sacré Cœur, d'après un tableau conservé à la Visitation de Paray	128
Pèlerinage d'Arles et de Nîmes	139
Les Délégués de « l'Union catholique » de Montceau-les-Mines	144
La Cathédrale de Reims	147

TABLE DES GRAVURES

Vue de Reims	152
Porte latérale de la cathédrale de Reims	155
Fac-similé de la prière de la B. Marguerite-Marie au V. P. de la Colombière	159
Vue extérieure du Hiéron	164
Anciens Ostensoirs et autres objets d'art conservés au Hiéron	166
Grande salle du Hiéron	172
Collection de lampes des Catacombes (au Hiéron)	175
Médaille des Fastes eucharistiques au congrès de Turin	180
S. François d'Assise en extase devant le Saint-Sacrement (Guido Reni) (collection du Hiéron)	183
Le monastère des Clarisses à Paray-le-Monial	185
Vals près Le Puy (Haute-Loire). Eglise du Cœur priant de Jésus	187
Pensionnat du Cœur priant de Jésus à Paray	188
Notre-Dame de Pitié (Email de la collection du Hiéron)	196
Intérieur de la Basilique (Ancienne Eglise de l'ordre de Cluny)	198
Les âmes du Purgatoire délivrées par le Saint-Sacrement (Hiéron)	201
Eglise de S. Remy à Reims	208
Tombeau de S. Remy. Clovis catéchisé par le saint Evêque	209
La Communion au milieu des champs en Italie, par Le Véronèse (collection du Hiéron)	218
S. Philippe de Néri, grand promoteur des communions d'hommes	225
Hôtel de ville de Paray : Ancienne maison du XVIe siècle	231
La Sainte Famille, d'après le Titien (Collection du Hiéron)	236
Le Vénérable P. de la Colombière, d'après un portrait de famille	243
Intérieur de la chapelle où se trouve le tombeau du V. P. de la Colombière	249
Château de Paray (restauré) et Eglise du Doyenné	262
Croix pastorale du Pape S. Pie V. (Collection du Hiéron)	266
Rodolphe de Habsburg rend *hommage* au Saint Sacrement. Il reçoit en récompense *l'Empire* pour lui et ses successeurs (Rubens)	275
Le duc de Brunswick se convertit à la vue de S. Joseph de Cupertin élevé dans les airs pendant qu'il portait le Saint-Sacrement (Van-Loo.)	280
Sceau du Concordat entre Léon X et François Ier	284

Poitiers. — Imprimerie Blais, Roy et Cie, 7, rue Victor-Hugo.

www.ingramcontent.com/pod-product-compliance
Lightning Source LLC
Chambersburg PA
CBHW070808170426
43200CB00007B/854